Finis Mundi

A Última Cultura #9

Logótipo: Vítor Luís Rodrigues
Imagem de Capa: © Sputnik | www.sputniknews.com
Contacto e Envio de Originais: revistafinismundi@gmail.com
Blogue: http://revistafinismundi.blogspot.pt
Facebook: https://www.facebook.com/FinisMundi
Assinaturas e Encomendas: iaegca@gmail.com
Impressão: DPS – Digital Printing Solutions (Portugal), CreateSpace (Internacional)

ISSN: 1647-6476, Depósito Legal: 3191122/10
Isento de registo na E.R.C. ao abrigo do Decreto Regulamentar 8/99 de 9/6, artigo 12°, n° 1-a.

IAEGCA

Lisboa, 2015

Maquetagem & Distribuição em Portugal:
Instituto de Altos Estudos em Geopolítica e Ciências Auxiliares
http://www.geopol.com.pt * iaegca@gmail.com * https://www.facebook.com/iaegca

Distribuição Internacional: Amazon.com Inc.
(Alemanha, Brasil, Canadá, Espanha, Estados Unidos, França, Itália, Japão e Reino Unido)

ÍNDICE

EDITORIAL por João Franco 5

TRADIÇÃO E PÓS-MODERNIDADE: OS EFEITOS COLATERAIS DA GEOPOLÍTICA ANGLO-AMERICANA por Anderson Calil 7

DA ERA DE PEIXES À ERA DE AQUÁRIO: DA AGONIA DO MUNDO VELHO ÀS SEMENTES DO MUNDO NOVO por Eduardo Amarante 10

SÍLVIO LIMA LEITOR DE GARRETT por Mário Casa Nova Martins 18

CONTRA ORBIS HODIERNI por Caimmy de Sá 24

PORTUGAL E O MERIDIONALISMO: "NOSTALGIA PELO FUTURO" por Edu Silvestre de Albuquerque e Tito Lívio Barcellos Pereira 29

DESVELANDO O PLANEAMENTO ESTRATÉGICO DE 40

OTTO VON BISMARCK por Nuno Morgado 40

SOBRE A ORIGEM DAS FESTAS AÇORIANAS DO ESPÍRITO SANTO por Luís Couto 70

O SENTIDO PROFUNDO DA IDENTIDADE por Alberto Buela 76

NECESSIDADE DE UM ANTI-PARTIDO por Ernesto Milá 80

ENTRE A NEVE por Eça de Queiroz 85

1914-1918: COMO A EUROPA PERDEU A GUERRA por Alain de Benoist 93

SÍRIA: UMA GUERRA INTERNACIONAL POR PROCURAÇÃO por João Franco 101

MIGRANTES: UM PROBLEMA HUMANITÁRIO OU GEOPOLÍTICO? Por João José Brandão Ferreira 113

OS MODELOS DA VIVÊNCIA RELIGIOSA EM FREUD por Leonardo Arantes Marques 136

DAS PEQUENAS PÁTRIAS À IDENTIDADE NACIONAL – MEMÓRIA E ESQUECIMENTO AO LONGO DA HISTÓRIA ADMINISTRATIVA EUROPEIA por Manuel Rezende 152

EDITORIAL

Caros leitores, eis nas vossas mãos o nono número da revista Finis Mundi, o primeiro em que assumo, em pleno, as funções de director em substituição do Dr. Flávio Gonçalves, a quem daqui agradeço ser o fundador desta revista, e todo o labor e dedicação que a ela providenciou desde o seu surgimento há quase cinco anos. Importa igualmente agradecer aos membros da redacção da revista, à direcção do IAEGCA, aos membros do Conselho Científico e a todos os que colaboraram ao longo destes anos e que espero continuem a colaborar.

Desejamos que a partir de agora estejam vencidas as vicissitudes que levaram a um longo interregno temporal entre o número 7 e o número 8 da Finis Mundi, e que, sob a chancela do Instituto de Altos Estudos Geopolíticos e Ciências Auxiliares, a Finis Mundi chegue com mais regularidade às vossas mãos. Estamos a fazer todos os possíveis para melhorar a nossa distribuição, esperando poder estar presentes nalguns pontos de venda pelo país.

Em termos estruturais a revista irá manter o seu formato, continuando aberta a colaborações vindas de todos os quadrantes, como é seu apanágio. Alcançar novos patamares de excelência é o nosso objectivo, para isso contamos também com a colaboração dos leitores da Finis Mundi, para que nos enviem os seus artigos, ensaios, recensões, opiniões e sugestões.

Para além de debruçar-se sobre a filosofia, a ciência política, as artes plásticas, a história portuguesas, a Finis Mundi tenciona continuar a dar à estampa em todos os números um texto de ficção de um autor clássico, português ou estrangeiro. A Jack London e Robert E. Howard, segue-se neste número o basilar Eça de Queirós.

Ademais de estar aberta à participação de pensadores dos países de língua portuguesa, de onde se destaca o Brasil, país onde a Finis Mundi tem leitores e de onde tem recebido algumas preciosas colaborações, a revista deseja continuar a imprimir traduções de outros autores e pensadores estrangeiros, publicando artigos e ensaios recentes de interesse internacional, quer sejam metapolíticos ou mais focados na actualidade internacional.

Tendo a intenção de dar mais espaço nas suas páginas à Ciência Política, às Relações Internacionais e à Geopolítica, a Finis Mundi não

pretende olvidar ou deixar de fora as outras áreas das Ciências Sociais, nem as áreas temáticas que têm sido objecto de destaque até agora. Além do mais, à Finis Mundi interessa igualmente abordar os grandes temas da actualidade, desde as migrações às alterações climáticas, da inteligência artificial à crise económica, da demografia às energias alternativas.

Neste número dá-se destaque ao conflito na Síria, mas igualmente à questão da crise imigratória que está a afligir a Europa e ao centenário da Primeira Guerra mundial, temas que acompanham o nosso quotidiano e sobre os quais importa reflectir de forma séria e informada.

No próximo número pensamos introduzir algumas novidades, que estou certo contribuirão para o esforço de aumentar sempre a qualidade da revista. Até breve!

João Franco

TRADIÇÃO E PÓS-MODERNIDADE: OS EFEITOS COLATERAIS DA GEOPOLÍTICA ANGLO-AMERICANA

Anderson Calil

"Tradição significa conceder votos à mais obscura de todas as classes: nossos ancestrais. É a democracia dos mortos. A tradição recusa submeter-se a essa arrogante oligarquia que meramente ocorre estar andando por aí."
(Chesterton)

A obra de René Guénon, em geral, faz referências constantes ao simbolismo maçônico, revelada através de símbolos cosmológicos e metafísicos. Discute, por conseguinte, as grandes questões da filosofia perene, e, sobretudo a relação da tradição com os horrores de uma civilização decadente. De forma mais realista, se a Tradição dependesse só da transmissão ritual, há muito ela já estaria perdida na disputa de direito e regularidade iniciática. A iniciação, portanto, propõe uma transformação, uma autêntica revolução interior que faça possível o nascimento das potencialidades adormecidas do Homem Integral.

Para essa tradição perene, o mundo em que vivemos esta sujeito à ação, tal como é representada pelas civilizações integralmente tradicionais, em que o ponto de vista profano não existe de modo nenhum, e esta inversão só pode conduzir à negação do sagrado.

Ao meditar nesta verdade, ocorreu-me uma idéia: as virtudes da tradição guerreira se opõe violentamente contra todas as formas de degradação social, todas elas baseadas no esvaziamento relativista de todos os valores – os maiores golpes políticos, religiosos e sociais, praticados contra a liberdade de pensamento e contra o equilíbrio natural da própria Terra.

Fundamentalismo Unipolar: análise da Geopolítica Anglo-Americana

De acordo com alguns pesquisadores, o fundamentalismo protestante norte-americano é o principal promotor da globalização e da democracia no mundo (PONTUAL, 2004, p. 7). Pontual ainda salienta que a principal

pretensão do governo dos Estados Unidos consiste em impor seus valores ao Oriente Médio, em detrimento da civilização islâmica e de sua visão teocrática.

Para compreender a origem das formulações políticas implementadas pelos norte-americanos no Oriente Médio, faz-se necessário reportar-se aos centros de reflexão, mais conhecidos, nos Estados Unidos, como "think-tanks" (literalmente, tanques de pensamento). Esses institutos de pesquisa privados dedicam-se a elaborar estudos sobre temas específicos de interesse estratégico para o governo norte-americano. Geralmente, contam com financiamentos das fundações familiares oligárquicas e, com frequência, também com verbas governamentais. Muitos de seus quadros são de ex ou futuros funcionários governamentais, o que os transformam em autênticas "organizações quase governamentais", com a vantagem de poder expor publicamente idéias, denúncias ou proposições de interesse dos governos, sem que eles se comprometam com os institutos.

As duas principais organizações envolvidas na sustentação ideológica do governo estadunidense são:

Center for Strategic and International Studies (CSIS)

Fundado em 1962, como um equivalente estadunidense do Instituto Internacional de Estudo Estratégicos (IISS) de Londres. Funciona vinculado à Universidade Georgetown. Conta com uma equipe de 190 pessoas e atualmente seu orçamento anual é da ordem de 16 milhões de dólares, dos quais 85% provêm de doações de fundações, empresas e de particulares. O restante vem de contratos governamentais, de publicações e de rendimentos do fundo de 25 milhões de dólares do próprio CSIS.

Entre as suas operações atuais, destaca-se o Projeto de Energia do Mar Cáspio, iniciado em 1994 para estabelecer as possibilidades de exploração das vastas reservas de petróleo e gás natural da bacia do Mar Cáspio e da Ásia Central pelas grandes corporações anglo-americanas.

American Enterprise Institute

Fundado em 1943, em Washington, o American Enterprise Institute funciona como uma "agência central" de organizações dos EUA, da Inglaterra e de Israel empenhada em promover a agenda da globalização, incluindo uma defesa radical do livre mercado. Neste contexto, o instituto

tem apoiado as políticas dos círculos israelenses aliados à direita militar de Israel - um dos elementos constitutivos dos grupos de pressão pró-israelense, nos Estados Unidos, está ligado ao fato do Estado de Israel ser a única democracia consolidada na região. Também pesa neste contexto a relação entre judeus e protestantes, os quais têm pontos em comum nos textos bíblicos. Isto faz com que os norte-americanos, em sua maioria protestante, nutram mais simpatia pelos judeus em detrimento dos palestinos e de sua causa.

O American Enterprise Institute é um dos mais ricos "think tanks" dos EUA. Entre os seus principais patrocinadores, destacam-se as fundações Bradley, Olin, Smith Richardson e as da família Mellon Scaife.

Com base nessas informações, fica evidente a influência dos "think tanks" na política estadunidense. Por isso, vale lembrar que essas instituições são fundamentais para dar sustentação ideológica à estratégia geopolítica anglo-israelense, exercendo a função de mediadoras entre o establishment norte-americano e o governo. Pode-se, extrair desse exemplo, uma visão reducionista do mundo, por parte da tradição geopolítica anglo-americana, pois a base dessa ideologia é tratar os países em desenvolvimento como se fossem seus protetorados. Poderia-se, mesmo, dizer se tratar de uma doutrina com muitos traços imperialista: seus valores liberais, individualistas e democráticos são impostos como a representação de um mundo unipolar.

Bibliografia

FRACHON, Alain. Vernet, Daniel. América Messiânica. Porto Alegre: Editora Dora Luzzatto, 2006.

HUNTINGTON, Samuel P. O choque de civilizações. Rio de Janeiro: Objetiva, 1996.

PONTUAL, Luiz. Você ainda acredita em democracia? São Paulo: Instituto René Guenón de Estudos Tradicionais, 2005.

DA ERA DE PEIXES À ERA DE AQUÁRIO
DA AGONIA DO MUNDO VELHO ÀS
SEMENTES DO MUNDO NOVO
Eduardo Amarante

De ano para ano assiste-se a uma aceleração dos tempos, a uma corrida vertiginosa para uma meta indefinida... Os acontecimentos sucedem-se a um ritmo difícil de acompanhar e, por conseguinte, de compreender e assimilar. Terá isto a ver com o final do século e de milénio que entrou há pouco tempo? Será o resultado do progresso desenfreado e incontrolado que, longe de nos satisfazer e dar segurança, cria-nos dúvidas, instabilidade e receios? É natural e lógico que, em tempo de crise e de múltiplas dificuldades, se procurem respostas para as nossas inquietações mais profundas.

Já todos ouvimos falar da Idade de Aquário como sendo a futura Era da humanidade que sucede à de Peixes. Mas o que talvez não saibamos é o quanto doloroso esta passagem será e os desafios que coloca a cada um de nós.

1.   As características da nova Era de Aquário

De facto, já nos encontramos na Idade de Aquário desde 1950. Segundo as tradições mais antigas e alguns modernos filósofos, existem grandes ciclos na natureza. Um deles, já para não falar de outros ciclos maiores, é aquele de que fala o pensamento indiano e, mais particularmente, o grande filósofo da Antiguidade, Platão: trata-se do chamado Grande Ano, que também ficou conhecido como Grande Ano de Platão, que é a volta ou o percurso do Sol pelas doze casas zodiacais. Portanto, a roda do Zodíaco, que é também conhecida como a roda dos animais, rege-se por um fenómeno astronómico: o Sol leva cerca de 26.000 anos a voltar ao mesmo ponto, ao ponto inicial. Chama-se a isso o fenómeno da precessão dos equinócios e, se dividirmos esta roda ou círculo em doze casas (que correspondem precisamente aos doze signos do zodíaco) teremos uma Era. O total destes signos perfaz o Grande Ano de Platão, ou doze eras zodiacais. Cada Era tem uma duração aproximada de 2.160 anos que, multiplicando por doze, dá exactamente 25.920 anos.

Há poucos anos saímos da Era de Peixes. Esta regeu a humanidade

durante um pouco mais de 2.000 anos, que coincidiu, mais ou menos, com o aparecimento de Jesus Cristo.

Sem entrar em dogmas astrológicos, é muito curioso verificar que há uma influência e interrelação entre o Cosmos (com os seus planetas, estrelas, etc.) e a Terra, não apenas ao nível físico, como também a outros níveis, nomeadamente ao nível psicológico. O curioso de tudo isto é que quando Jesus nasceu o emblema dos primeiros cristãos era o Peixe, mais precisamente dois peixes com as cabeças voltadas em direcções opostas. A Era que antecedeu a de Peixes e que tem muito a ver com as características do próprio signo, foi a de Carneiro.

Um dado importante a reter é que o fenómeno da precessão dos equinócios evolui em sentido contrário na roda zodiacal. Em vez de se avançar de Carneiro para Touro, passa-se de Carneiro para Peixes. A passagem da Era de Peixes para Aquário e desta para Capricórnio é acompanhada por grandes transformações específicas do signo a vigorar.

Alguns autores de um esoterismo superficial defendem (e induzem-nos em erro) que a Idade de Aquário vai ser uma Idade de Ouro. Isso não é correcto, não só em termos astrológicos como inclusivamente esotéricos. Na realidade, e de acordo com os conhecimentos mais antigos (como sejam maias, caldeus ou orientais), existem quatro grandes Eras que, no Ocidente, designamos como Idade de Ouro, Idade de Prata (onde há um progressivo decréscimo de espiritualismo e, consequentemente, um progressivo aumento de materialismo), Idade de Bronze e Idade de Ferro, também conhecida como Idade Negra. De acordo com os ensinamentos hindus, a Idade de Ferro ou Negra entrou há cerca de 5.000 anos, coincidindo sensivelmente com o aparecimento de *Krishna* na Índia e tem uma duração de 432.000 anos. Portanto, e a acreditar nestes dados, a Idade de Ferro (denominada Kali-Yuga) é uma Idade obscura que vai durar ainda muito tempo, uns 427.000 anos. Assim, a Idade de Aquário surge-nos inserida num ciclo menor dentro do grande ciclo ou Manvantara.

2. Os primeiros sinais de Aquário

Embora, cronologicamente falando, tenhamos entrado na Era de Aquário, o facto é que esta, em termos de manifestação no planeta, faz-se de modo lento e isto por duas ordens de razão:

    ı)   Uma Era, que dura aproximadamente 2.100 anos (como, por exemplo, aquela que estivemos a viver há umas dezenas de anos, a de Peixes), finaliza o seu tempo, mas não morre

imediatamente; definha-se lentamente e, no seu final, que corresponde ao início de outra Era, mistura-se com as características próprias da seguinte, ou seja, a passagem de uma para outra não é automática e rápida: é acompanhada por profundas convulsões;

2) Para além das manifestações físicas operadas na passagem de uma Era para outra, temos de ter em conta o que acontece ao nível dos comportamentos humanos. Necessariamente, todos os seres vivos que estão à superfície da Terra sofrem inapelavelmente as influências destes processos cosmológicos e terrestres - daí que a passagem tenha de ser lenta, pois mudar mentalidades de um momento para o outro não resulta fácil.

A Era do Aquário é caracterizada por estar dividida em três fases. No entanto, antes de se iniciar o processo existe uma pré-fase que é tida como de muita indefinição, em que as energias estertoras ou finais de Peixes ainda vigoram, mas já em grande conflito com as energias nascentes de Aquário. O combate entre elas traduz-se no facto de que uma não quer morrer e a outra quer nascer. Em termos psicológicos, no ser humano este combate é difícil e é acompanhado de profundas crises.

A.   A pré-fase de Aquário: o verdadeiro e o falso esoterismo

Esta pré-fase é muito delicada porque instável para o ser humano. Como já dissemos, é uma época difícil, uma época generalizada de crise.

Mas, entenda-se crise - não no sentido que hoje damos à palavra (que é marcadamente negativo) -, como algo de novo, de positivo: algo que vai mudar. Portanto, quando encarada no seu sentido etimológico de mudança, esta palavra significa evoluir, mudar para melhor. Significa tão somente transmutar a nossa natureza, deixando para trás algo de que já não precisamos e adquirindo outras coisas novas que nos permitirão avançar. A evolução implica passagem para melhor, porque se fosse para pior já não seria *evolução*, mas *involução*, e isso constituiria um retrocesso. Em fase de crescimento, de mudança, a crise possibilita passar etapas. Para se crescer é necessário passar por crises que levem à superação. Desse modo, não há evolução sem crise.

Actualmente, com os benefícios das energias da Era de Aquário, muita coisa esotérica e espiritual tem vindo do Oriente até ao Ocidente, para equilibrar a balança, como contrapeso face ao materialismo exacerbado

em que o mundo ocidental caiu. Daí que a Nova Era já se faça sentir e desperte nos corações e nas mentes certas características que lhe são específicas, tais como, por exemplo, o esoterismo, ou seja, a proliferação de ideias do conhecimento sagrado, espiritual. Actualmente, este tipo de conhecimento está disponível a todos, sendo hoje muito comum debaterem-se ideias como a reencarnação, experiências N.D.E., etc., impensáveis há umas décadas. Contudo, estas ideias, tão em voga no mundo de hoje, trazem consigo um grave risco quando não são entendidas correctamente e, pior ainda, quando são veiculadas com propósitos sensacionalistas, comerciais e não raras vezes fantasistas, pois falseiam os ensinamentos-base do conhecimento. O espírito não pode nem deve ser comercializado e muito menos se deve extrair dele dividendos pessoais de *status* e de poder; tão pouco se deve fazer do esoterismo um empolamento de algo extraordinário, repleto de fórmulas complexas e preceitos que nada têm a ver com ele. Na sua essência, o esoterismo é como uma *iniciação,* um processo interior que ocorre dentro de cada um, cuja característica fundamental é a profunda vontade de autotransformação para servir o bem comum, a humanidade. Desse modo, entendo que o esoterismo, o autêntico esoterismo, é simples, político e profundamente prático, pois o objectivo é transformar primeiro o homem e, só depois, o mundo. E essa revolução faz-se primeiro ao nível interno, sem grandes exibicionismos, sensacionalismos, dispensando em absoluto as fantasias intelectuais. O intelecto mata o espírito, pois carece de coração-sentimento e, consequentemente, não transmuta coisa alguma. Como não vem de dentro, do nosso ser mais íntimo, é meramente especulativo sem a vivência do coração e, assim, não é de espantar o divórcio total existente entre o pensamento intelectualizado e a sua realização prática.

Na actual situação do mundo, infelizmente, o esoterismo caiu nas teias ardilosas do materialismo religioso amoral, pior do que o ateu, tornando-se, também ele, material e, assim sendo, transformou-se em materialismo espiritual. Este tipo de materialismo tem prejuízos maiores que o próprio materialismo, pois banaliza a mensagem sagrada, *materializando-a* como um mero produto de elucubrações do intelecto.

Convenhamos que o materialismo em si não é negativo (temos de ter em conta que o aspecto material é o suporte da vida). Só o é, de facto, quando se sobrepõe a todos os valores que são necessários à evolução do homem, como sejam os valores morais e espirituais. Mas os tempos de convulsão e de crise propiciam estas misturas perigosas para o

desenvolvimento humano. É uma tentação muito forte para mentes pouco avisadas e, sobretudo, para os incautos. As suas nefastas consequências começam a fazer-se sentir em superstições, bruxarias, magias, etc. Daqui já se vê a razão porque alguns sábios da antiguidade guardavam segredo das coisas sagradas e puniam quem as revelasse.

O verdadeiro esoterismo não é saber muito e encontrar respostas para tudo. O verdadeiro esoterismo é perscruto e, por isso, o estudante está em constante aprendizagem. Trata-se de um autoconhecimento de si e do mundo, vivendo de acordo com a natureza e com a interioridade: é profundamente natural. É aprender e ter a arte de manobrar o *labrys*, o machado ou acha de dois gumes: o lado externo (que expressa na **prática** o conhecimento adquirido) e o lado interno (que reflecte o desenvolvimento interior, **teoria**, a partir dos conhecimentos e ensinamentos que aprendemos).

Quanto mais rico o homem for interiormente mais capacidade terá de compreender os mecanismos da Natureza e de conhecer o seu Grande Livro. O conhecimento meramente intelectual, teórico, de pouco vale se não for *testado* na prática. Daí que o verdadeiro conhecimento seja profundamente prático, vivenciado e assimilado pela experiência de cada um no seu dia-a-dia. O esoterismo intelectual nada mais é do que a soma de conhecimentos não assimilados pela nossa consciência (mas apenas pelo nosso intelecto) e que, por isso, não foram compreendidos, incorporados e vividos plenamente em nós. Não sendo interiorizados, não os possuímos, não são nossos, mas de outrem. Cada ser humano é uma entidade única que deve caminhar só na procura de si próprio.

Existe uma lenda muito antiga, proveniente do Egipto, que diz que quando um homem descobrir o enigma da Esfinge esta deitar-se-á no mar e o homem será liberto. Édipo, com o seu báculo, simboliza o peregrino que procura a sua identidade.

Chama-se Édipo porque, em grego, significa que tem os pés inchados de tanto procurar e caminhar. Essa é a senda do Homem peregrino. Daí a origem da palavra *ediposidude*.

B.   As três fases da Era de Aquário

Como já referimos anteriormente, a fase inicial é muito complicada e já se está a fazer sentir fortemente. A crise de valores acentuou-se e a confusão instalou-se nas mentes das pessoas que não entendem muito bem o que está a acontecer. De repente tudo ficou de pernas para o ar.

A primeira fase da Era é a de gelo. Esta não se dá apenas ao nível

físico (com um arrefecimento gradual do planeta), mas também ao nível psicológico, com o *arrefecimento* entre as pessoas e a afirmação do egocentrismo na sua máxima expressão: eu por mim e todos contra todos; em suma, a separatividade. É o tempo das confrontações e das radicalizações. Esta primeira fase, como estávamos a dizer, leva a um arrefecimento gradual do planeta até se dar uma microglaciação; haverá guerras e guerrilhas no mundo com uma tendência alarmante para aumentarem; catástrofes de todo o tipo: geológicas e meteorológicas, como tornados, terramotos, maremotos (previsões já expressas nos Evangelhos bíblicos, para quem acredita que este livro sagrado tem dados válidos); queda dos sistemas políticos vigentes; ruptura do sistema económico e industrial; e, por fim, no meio de toda esta confusão, a atitude anárquica de todos contra todos, do salve-se quem puder, que se irá reflectir na tendência acentuada de fuga para o campo com as consequentes falhas dos sistemas: greves, falências, graves crises económicas, insegurança, isto é, indícios de uma forma de Idade Média (diferente daquela que tivemos no milénio anterior, porque mais evoluída) que vai entrando progressivamente.

A segunda e terceira fases da Era de Aquário caracterizam-se por serem líquida e gasosa ou vaporosa, respectivamente. Esta última antecederá a entrada na Era posterior que será a de Capricórnio. Estas fases que se avizinham serão bem difíceis se o ser humano não estiver atento ao caminho a percorrer no tempo actual. O presente determinará se o futuro será melhor... ou pior. Este é o grande desafio que se coloca ao homem da actualidade. Dele dependerá a evolução futura da espécie humana. A Era de Aquário potenciará de forma positiva ou negativa esta tendência. Daí que seja muito importante que os bons políticos e os homens de bem associados ao poder tenham consciência clara da situação e resolvam os problemas com coragem e engenho, de forma a não hipotecarem o destino da humanidade. Que as soluções que tomem não tenham como base a valorização exagerada da matéria, levada até às últimas consequências.

O objectivo da Era de Aquário é a fraternidade universal, o diálogo franco e aberto entre todos os povos, independentemente do seu credo ou raça; é uma união de povos, baseada nas suas múltiplas *nuances* de identidade, costumes, religião: é uma comunhão de todos com todos. É como que a concretização do mito do Quinto Império português: o império universal do espírito, contrário ao império do materialismo que é egoísta, prepotente e separatista. Não é a globalização pela matéria,

pelos interesses inconfessáveis de um punhado de poderosos sem escrúpulos e sem alma que se sobrepõem aos dos mais fracos e oprimidos; é o universalismo pela união de interesses morais e espirituais. São, estes, dois mundos diferentes com realizações opostas: um é o Mal, o outro é o Bem. O homem actual situa-se numa encruzilhada em que terá de escolher um de dois caminhos: o dos valores morais e espirituais, ou o dos interesses do dinheiro e do poder.

É esta opção que determinará a futura Era de Aquário.

Se se optar pelo caminho fácil, Aquário potenciará a afirmação das autonomias; as nações que até então estavam unidas, tenderão a separar-se. Se se optar pelo caminho mais difícil (entenda-se difícil nos dias de hoje), Aquário potenciará a espiritualidade, as nossas raízes, criando e construindo pólos de conhecimento em algumas regiões do mundo, à semelhança do que aconteceu na Idade Média, por exemplo, com a Escola de Chartres entre outras.

C. Portugal na Era de Aquário

Como se situa Portugal em toda esta conjuntura?

Portugal tem nas suas raízes um mito muito forte: o mito do Quinto Império, que nada mais é do que a realização da 3ª missão que consiste em unir o mundo sob a égide do Espírito Santo. Podemos dizer que é um mito, mas é um mito em que o povo acredita porque está como que impresso na sua alma colectiva.

Portugal foi construído segundo um projecto, projecto esse que permitiu criar fronteiras que já duram há mais de oito séculos. Não creio que possamos cair na tentação de o país se ver ameaçado por separatismos e reivindicações autonómicas (este aspecto em relação a Portugal continental). As nossas fronteiras estão bem definidas e não há nenhuma região do país que deseje ser autónoma. Já o mesmo se não pode dizer em relação à nossa vizinha Espanha, ou mesmo à França, etc. Não creio que os potenciais indícios de separatividade em Aquário nos possam afectar. O que temos de cuidar é de preservar nestes tempos difíceis a nossa identidade como povo: as nossas tradições milenares, a nossa forma de ser e enfrentar corajosamente todos aqueles que nos queiram levar por caminhos que nos descaracterizem como povo secular e nos integrem em esquemas que não estão de acordo com o nosso *modus vivendi*. O gene luso é milenar. Dos povos que se lhe foram agregando neste extremo ocidental da Europa, ele sempre soube escolher aquilo que era bom em detrimento do que era mau. O gene luso não se limita a este

pequeno rectângulo à beira-mar plantado; o gene está espalhado pelos quatro cantos do mundo. Portugal não se resume aos que vivem no Continente e Ilhas. Portugal é cada canto do mundo onde se encontra um português, um luso. Na sua sabedoria milenar, esse gene luso que ainda corre em muitos portugueses saberá mais uma vez, a partir do contacto com os povos em que está inserido, distinguir o que é bom do que é mau e levar a esperança ao futuro difícil, mas desafiante, que se aproxima.

SÍLVIO LIMA LEITOR DE GARRETT
Mário Casa Nova Martins

No dia 12 de Setembro de 1920, Sílvio Lima autografou e datou o livro de Almeida Garrett «Frei Luiz de Sousa».

Certamente também neste dia terá escrito no livro como que uma introdução à obra, e, quiçá, tê-lo-á lido no próprio dia. São apenas setenta e oito páginas, de uma leitura em português escorreito, um texto de uma vivacidade continuada e um drama que muito diz a quem cultivou a Arte de ser Português. Como Sílvio Lima o fez.

Sílvio Vieira Mendes Lima nasceu em Coimbra em 5 de Fevereiro de 1904. Quando lê o drama «Frei Luiz de Sousa» tem dezasseis anos, sete meses e uma semana, tendo em conta a data que escreveu no livro que cotejamos.

Naquele dia está de férias na praia da Figueira da Foz, praia que em toda a sua vida frequentará, primeiro com os Pais no mês de Setembro, e depois de casado e devido à sua vida profissional em Agosto. Todavia, a sua relação com a Figueira Foz foi mais além do que a fruição da época balnear, tendo nesta cidade colaborado em jornais locais e feito conferências.

É um jovem, de férias e em vésperas de entrar na Universidade de Coimbra, quem lê o livro de Almeida Garrett. Sabe-se que Sílvio Lima se irá matricular no seu primeiro ano de Universidade na Faculdade de Medicina, curso que irá abandonar nesse mesmo ano, para no seguinte se matricular na Faculdade de Letras, onde terá um percurso brilhante quer como aluno quer como professor.

É, portanto, um jovem que queria ir para um curso na área das ciências o leitor de Garrett e não ainda o aluno de humanidades.

Este é um pormenor interessante, tendo em conta não as notas que Sílvio Lima deixou no livro, aliás, nenhuma, mas quanto aos sublinhados e traços verticais laterais.

Em primeiro lugar, Sílvio Lima tem a preocupação de escrever uma curta introdução, onde deixa pequenas mas importantes notas sobre as principais personagens, bem como afirma ser o enredo ficção da pena de Garrett.

«D. Manuel de Sousa Coutinho (Frei Luiz de Sousa) nasceu em Santarém, em 1555, provavelmente. Partindo para o Oriente foi aprisionado por piratas mouros. Em Argel conheceu Cervantes, que

sofria igual sorte. Resgatado em 1577, regressa a Portugal em 1578 e casou entre 1584 e 1586 com <u>D. Madalena de Vilhena</u>, viúva de D. João de Portugal. Morreu em 1632 no convento de S. Domingos de Benfica, e Madalena no mosteiro do Sacramento. Tudo quanto se refere ao aparecimento de D. João de Portugal é pura lenda, que só teve o mérito de inspirar Garrett no primeiro dos seus dramas.»

O drama de Almeida Garrett foi estreado em 1843 e publicado em 1844 com notas do autor.

Decorre no século XVI, durante o Interregno, em Almada e retrata a vida de Manuel de Sousa e da sua mulher D. Madalena de Vilhena, viúva de D. João de Portugal. O seu primeiro marido, D. João de Portugal, apesar de se pensar que terá sido morto na batalha de Alcácer Quibir, está ainda vivo e regressa a Portugal tornando ilegítimo o casamento de Manuel e Madalena.

D. Maria de Noronha é fruto do casamento de Manuel e D. Madalena, e é criada por um aio, Telmo Pais, que é leal ao seu antigo amo, D. João de Portugal, para além de ser contra o segundo casamento de D. Madalena.

A primeira nota/observação surge na página trinta e um, na cena XII, quando Madalena de Vilhena pergunta ao marido Manuel de Sousa o que está a fazer.

«**Magdalena**. Que fazes... que fizeste? – Que é isto, oh meus Deus!

Manuel, *tranquillamente*. Illumino a minha casa para receber os muito poderosos e excelentes senhores governadores d'estes reinos. Suas excellencias podem vir quando quiserem.»

Manuel de Sousa está a incendiar a casa para que os governadores do reino, fugindo da peste que grassa em Lisboa, não possam alojar-se em sua casa.

Ao dar importância apenas a duas *falas*, Sílvio Lima quer homenagear o feito de Manuel de Sousa, um acto de grande temeridade face ao poder dominante, mostrando um forte patriotismo num tempo em que a principal nobreza se colocara ao lado do espanhol.

O Portugal de 1920, o ano em que Sílvio Lima lê o livro, é um país à deriva.

Entre Janeiro e Maio, 'a confrontação social entre os trabalhadores, o Estado, a pequena e média burguesia e o patronato atinge níveis elevados. Do lado do movimento operário, multiplicam-se as greves, as manifestações e os comícios, os atentados bombistas e os assassinatos. Aumentaram, também, os despedimentos, as iniciativas de assalto às

sedes de sindicatos e jornais operários, as prisões e deportações de dirigentes e activistas sindicais, a mobilização sistemática de contingentes policiais e militares'. (1)

E de Junho a Setembro, 'apesar das diversas medidas tomadas pelo Governo com o propósito de atenuar as dificuldades de abastecimentos e de reduzir o ritmo de subida dos preços, as dificuldades sentidas por segmentos amplos da população provocaram o ressurgimento, em diversas localidades do país, de «tumultos da fome» e de assaltos colectivos a lojas e armazéns de produtos alimentares'. (2)

Compreende-se que o jovem leitor de Garrett se impressione com este acto patriótico, tendo em conta o que o cerca em Portugal. Filho de uma Família da alta burguesia de Coimbra, onde o comércio e a indústria são os geradores da fortuna familiar, nunca sentido qualquer tipo de dificuldades não deixará de ser sensível à situação política, económica e social que à sua volta se desenrola.

Mais adiante, na página trinta e dois surge um sublinhado, com um grosso asterisco à sua esquerda, que se refere à obra de Bernardim Ribeiro «Menina e Moça» e ao seu primeiro verso. É a cena I do segundo acto, no diálogo entre Maria e Telmo.

«**Maria**. «Menina e moça me levaram de casa de meu pae:» é o principio d'aquele livro tam bonito que minha mãe diz que não intende: intendo-o eu. – Mas aqui não ha menina nem môça: e vós, senhor Telmo-Paes, meu fiel escudeiro, «faredes o que mandado vos é.» … »

Saudade da casa, do pai, Telmo é o confidente de Maria, num tema que a ambos traz tristeza, desgosto e amargura.

«**Menina e Moça**» é a primeira novela pastoril da Península Ibérica escrita em português. A sua influência na literatura portuguesa é enorme, e de certeza que Sílvio Lima a teria lido antes, ou, mesmo, estudado no Colégio de São Pedro, onde era aluno interno.

E a beleza dos versos de Bernardim não terão deixado indiferente o jovem de dezasseis anos e meio, cheio de sonhos e de quimeras. É mais importante que Sílvio Lima tenha sublinhado não o verso mas sim a análise de Maria à obra de Bernardim, "é o princípio d'aquele livro tam bonito", e que ela, ao contrário da mãe, tão bem entende.

Nova referência acontece na página cinquenta e três. É uma crítica de D. João de Portugal aos seus parentes, crítica centrada em sua mulher, que alcançara a felicidade após julgar a sua morte.

«**Magdalena**. Sempre ha parentes amigos…

Romeiro. Parentes!... Os mais chegados, os que eu me importava

achar… contaram com a minha morte, fizeram a sua felicidade com ella; hão-de jurar que me não conhecem.»

Aqui Sílvio Lima tem a sensibilidade para sentir uma espécie de solidariedade para com D. João de Portugal, num momento dos mais dramáticos da obra, só suplantado pela cena XV entre Frei Jorge Coutinho e D. João de Portugal.

O segundo acto, que finda com a cena XV, termina da forma mais dramática, quando Frei Jorge pergunta ao Romeiro quem é. E aqui, página cinquenta e seis, Sílvio Lima sublinha e anota na margem esquerda com um xis e um parêntesis e na margem direita com um parêntesis.

«**Jorge**. Romeiro, romeiro! quem és tu?

Romeiro, *apontando com o bordão para o retrato de D. João de Portugal*. Ninguem.»

Este é o momento mais dramático da peça, o momento no qual se cruzam sentimentos e deveres, que fazem desta obra de Garrett um clássico da litreratura portuguesa.

Almeida Garrett e Sílvio Lima são figuras cimeiras da Cultura em Portugal. Cultivaram áreas do Saber diferentes, mas ainda hoje as suas Obras são objecto de leitura e de estudo. São ambos Mestres de uma Portugalidade vivida e sentida. Une-os também um amor à Pátria. Viveram tempos diferentes, que tiveram em comum tempos difíceis, muitos deles em que a independência de Portugal esteve em perigo, sempre pela cobiça de Espanha.

«Frei Luiz de Sousa» é uma obra patriótica, que é lida por todo aquele que sente ser Português!

Psicólogo, filósofo, ensaísta e professor universitário, Sílvio Vieira Mendes Lima (5/2/1904 – 6/1/1993) teve como professores no conimbricense Colégio de São Pedro, entre outros, Mendes dos Remédios, Eugénio de Castro, João Duarte de Oliveira, Bissaia Barreto e Virgílio Correia. Na Faculdade de Letras conhece Manuel Gonçalves Cerejeira, de quem será assistente, e Joaquim de Carvalho, que entre entras coisas o convidará para dirigir a Biblioteca Filosófica da Editora *Atlântida*, fundara por ele próprio.

Licencia-se em Letras com a tese "Ensaio sobre ética de Guyau nas suas relações com a crise moral contemporânea", 1927. Dedica-se às questões da Psicologia Experimental. Sob a orientação de Pierre Bovet, Édouard Claparède e Hélène Antipoff elabora a dissertação de doutoramento intitulada "O problema da recognição - Estudo psicológico

teórico-experimental" (1928), trabalho considerado como a primeira tese de doutoramento realizada por um português na área da Psicologia, em especial da Psicologia da Cognição. Na Faculdade de Letras da Universidade de Coimbra rege as disciplinas de Psicologia, Filosofia e História.

Em 1935 é afastado da Universidade, sendo reintegrado em 1942. As obras "O Amor Místico – Noção e valor da experiência religiosa" e "Notas críticas ao livro do Sr. Cardeal Cerejeira – "A Igreja e o pensamento contemporâneo"", a par da sua relação com António Sérgio, Raúl Proença e outras figuras da Oposição, contribuíram para esses anos de chumbo em que esteve afastado do ensino, período durante o qual nunca deixou de escrever em jornais e em editar obras, com a célebre trilogia sobre o desporto, " Ensaios sobre o Desporto" em 1937, "Desporto Jogo e Arte" em 1938, e "Desportismo Profissional (Desporto, Trabalho e Profissão)" em 1939.

"Serão luxos a Ciência e a Arte?" é editado em 1940. A sua visão da sociedade contemporânea adquire forma teórica, modelada em muito pela sociologia que o próprio título invoca, a de Werner Sombart, com outras referências oriundas das ciências sociais.

Em 1943 é editado, com reedições posteriores "O Determinismo, o Acaso e a Previsão na História", e em 1944 publica um dos seus títulos mais conhecidos e o mais reeditado, "Ensaio sobre a Essência do Ensaio".

O seu testamento filosófico, a que chama de espiritual é, sem dúvida a "Carta Abertas às Universidades Portuguesas", editada no *Diário de Coimbra* em 8 de maio de 1974.

«Na hora histórica e dramática, que a Nação Portuguesa hoje vive, creio ter chegado o momento de, como antigo professor universitário de Coimbra na situação marginal de aposentado – homem de 70 anos consciente dos seus plenos direitos e deveres de cidadão responsável –, dirigir às Universidades Portuguesas esta mensagem-apelo que considero o meu «testamento espiritual». ...

Recordando o seu passado na Universidade, termina com o apelo a que a Universidade do futuro seja uma Casa de Justiça, Amor Tolerância, Trabalho e Disciplina.

Orlando Vitorino definiu-o como o contrário do 'professor burocratizado'. Independente, Sílvio Lima marcou gerações de Alunos. Deixou Discípulos. Como Herança legou o seu Pensamento.

A Última
Cultura
Finis
Mundi

Notas

1)   História Comparada – Europa, Portugal e o Mundo, Volume II
Direcção de António Simões Rodrigues, Círculo de Leitores, Novembro de 1966, pg. 288
2)   História Comparada – Europa, Portugal e o Mundo, Volume II
Direcção de António Simões Rodrigues, Círculo de Leitores, Novembro de 1966, pg. 289

Bibliografia

_ Frei Luiz de Sousa, *Almeida Garrett*, ESCRIPTORIO DE PUBLICAÇÕES DE J. FERREIRA DOS SANTOS, Rua do Almada, 80 a 82 – Porto, s/d, Comp. e imp.: IMPRENSA CIVILIZAÇÃO 54, Trav. Cedofeita, 56 Porto

_ Archer de Carvalho, Pedro – *Sílvio Lima, um místico da razão crítica (Da incondicionalidade do* amor intellectualis*)*, Coimbra, Faculdade de Letras da Universidade, 2009

_ *Biblos – Revista da Faculdade de Letras*, Miscelânea em honra de Sílvio Lima, vol. LV, Coimbra, 1979

_ Leone, Carlos – *O essencial sobre SÍLVIO LIMA*, Imprensa Nacional Casa da Moeda, maio de 2004

_ Lima, Sílvio – *Obras Completas*, 2 volumes, Fundação Calouste Gulbenkien, maio de 2002

_ Morujão, Alexandre Fradique – Verbete LIMA (Sílvio Vieira Mendes), *Logos*, Enciclopédia Luso-Brasileira de Filosofia, vol. 3, págs. 394, 395, fevereiro de 1991

_ Silva, José Ferreira da – *Sílvio Lima, história de um Professor Universitário*, Separata da Biblos LV, Coimbra, Miscelânea em honra de Sílvio Lima, s/d

CONTRA ORBIS HODIERNI
Caimmy de Sá

Os aristocratas e filósofos helênicos como Platão e Sócrates atribuíam a quem defendia o fim da escravidão ou a democracia o nome de sofista ou demagogo. As razões são simples: o fim da escravidão por si só oferece mais liberdade aos "libertos"? Deixariam por isso tais pessoas de dependerem dos mais ricos apenas por deixarem de se denominar assim? Ou pelo contrário, não acabariam se tornando mais reféns ainda de seus empregadores ao terem de competir e diminuir o preço de seu serviço à medida em que oferecem-no?

A efetivação da democracia por si só ofereceria mais poder ao povo por simplesmente garantir a estes o direito de decidir entre o pior e menos pior? Ou a *contrario sensu*, não acabaria tal regime deixando o próprio povo cativo por parte de demagogos ou de uma elite plutocrática que pode simplesmente subornar os legisladores e representantes escolhidos?

Por tais questões e pelas mais fundamentais exigências lógicas o aristocrata helênico não se deixou tomar por utopias. Por isso Platão, Xenofonte, Tirteu, Aristóteles e muitos outros atenienses e gregos viram na Excelsa Lacedemônia o modelo mais próximo do ideal de Estado. Licurgo moldou o ordenamento jurídico da Egrégia Esparta com mãos de ferro, criando dentro da tradição do povo dórico o ambiente, o treinamento e a educação que renderá á Hélada grandes heróis além de um povo disciplinado e virtuoso, uma cultura que efetivamente sobrepõe o bem coletivo e o bem da nação sobre o interesses individuais mesquinhos, evitando-se assim a corrupção e o hedonismo.

Sendo a piedade helênica escassa de um Valhalla nórdico ou de um paraíso privilegiado aos guerreiros (sendo igualitário e democrático apenas o domínio de Hades), tal lacuna é locupletada pela imortalização do guerreiro na sociedade. *Id est,* os esparciatas ansiavam por tombar em combate tendo por objetivo eternizarem-se na memória de seus descendentes e tornando-se assim diferentes de todos os outros homens, provando que são filhos de Héracles. Não à toa Leônidas e seus trezentos homens são lembrados e louvados até hoje.

Toda a tradição aristocrática e a ética que provinha de Aristóteles, Platão e Sócrates foi sendo derrubada com o escoar do tempo. Aristóteles continuou reinando como Doutor absoluto até a Idade Média e a Escolástica Tomista com o Doutor Angélico Santo Tomás de Aquino. A Europa ainda mantinha um norte metafísico e teológico com a Cristandade Medieval, não havendo massa proletária, dispondo os servos das terras abertas dos mosteiros além da fidelidade dos senhores de não expulsarem-nos além da obrigação de protegê-los de invasões, fora isso havendo também nesta era domínio econômico-financeiro das corporações de ofício e proibição da usura com as mais altas penas da época, garantindo-se assim o completo predomínio do trabalho sobre o capital, além de um sistema financeiro limpo do domínio dos banqueiros, hoje em dia seres onipotentes. Da Grécia e Roma Antigas até a Europa Medieval vemos uma continuidade referente ao modelo econômico, intelectual, político, social e econômico das sociedades, havendo ruptura apenas do fim da Idade Média até a Era Contemporânea, *id est,* Modernidade e Pós-Modernidade. Depois de Duns Scottus, no campo intelectual europeu decaiu-se em um relativismo primeiramente gnosiológico, depois teológico, metafísico e ético que veio a ser efetivo com a Reforma Protestante. Com a ascensão das repúblicas neerlandesas e da Inglaterra protestantes veio o domínio judaico das finanças através da usura e dos bancos, tornando-se hoje onipotentes financeiramente. Com a Revolução (Anti)-Francesa veio o domínio da maçonaria (Corpo Místico de Satã) e do liberalismo no campo político além do fim das Corporações de Ofício e início das formações de massas proletárias.

Como disse Heidegger, o homem foi se esquecendo do Ser e passou a refletir apenas sobre questões imanentes, prendendo-se ao *technos*. Ao tipo de ser humano que ambiciona nada mais que viver uma vida pequeno-burguesa e apenas saciar seus apetites mais presos ao mundo sensível sem nada mais querer, nada seria melhor do que viver em um regime político vazio de ética que vá além da simples expansão econômica da classe média. Se tal regime é vazio de ética, tal também se encontra escasso de metafísica e ontologia, uma sociedade que caminha ao niilismo ou já imersa em tal abismo.

Ontologicamente o liberalismo é o mais vazio dos buracos ideológicos modernos. Enquanto que o socialismo tem seu *ethos* baseado na identidade do trabalhador e almeja vencer a burguesia, e à medida em que o fascismo ou nacionalismo tem seu *ethos* e seu fim na vitória da nação, raça ou estado sobre a plutocracia global, o liberalismo nada mais almeja que um admirável novo mundo, onde não há mais identidade entre indivíduo e classe, família, fé, povo e estado, encontrando-se tal ente desligado, facultando a este a liberdade de abandonar qualquer uma de suas características que o diferenciam do "outro" ou que lhe dão uma identidade e até um motivo para existir. O liberalismo destrói o Ser-Aí, ou *Dasein*, como dizia Heidegger. O liberalismo tenta criar um abismo até entre o homem e suas características mais intrínsecas o possível, como o sexo. Hoje se defende que há a faculdade de se ser bi, tri, tetra, penta (ou algarismos *ad aeternum*)-sexual.

No abismo liberal o homem foi forjando suas ideias utópicas e anti-naturais como dignidade da pessoa humana e direitos humanos. E não à toa, foi justamente com o argumento de defesa de tais princípios que foram se efetuando as maiores guerras do século XX e XXI. A diferença se encontra no fato de que enquanto que no passado havia teses nacionais e localistas de direitos humanos, na atualidade encontramos teses globalistas de direitos humanos. Isso não gerou nada mais que guerras e violações de direitos humanos a níveis globais justificadas e motivadas por estes mesmos princípios.

Com o fim de tornar o homem mais fervoroso e renovar a fé cristã, Lutero deu ignição ao processo de decadência da Cristandade, destruindo seu pilar de unidade e fraturando o Cristianismo em diversas seitas. Com o objetivo de libertar o homem a Revolução Francesa deu início a uma das maiores carnificinas e ofereceu à humanidade alguns dos mais sangrentos ditadores: Napoleão e Robespierre. Almejando a mais utópica liberdade humana, a ideologia comunista provocou os maiores genocídios sistemáticos e os maiores regimes liberticidas que já puderam existir, colocando no cimo uma casta burocrática. O capitalismo, ao tentar promover a liberdade do servo diante dos senhores, tornou ainda mais cativo a massa proletária diante da burguesia que tem agora poder político, tornando-se uma plutocracia ainda mil vezes mais poderosa. Enquanto que

A Última
Cultura
Finis
Mundi

anteriormente tinham os servos mais horas de ócio para se dedicar à criação de seus filhos, à piedade, com o advento do capitalismo industrial estes só tiveram tempo para se dedicar às fábricas e à produção.

Da mesma maneira, ao criar a ideologia dos direitos humanos justifica-se violação aos direitos de quem nega os próprios direitos humanos. Ao tentar efetivar os direitos humanos, deve-se automaticamente destruir ou eliminar aqueles que discordam ou negam tais princípios. Foi assim que se justificou as ditaduras como a de Robespierre durante a Revolução Francesa, pois ao dar o direito de os franceses escolherem o regime em que gostariam de viver estes fariam nada mais que escolher o rei e continuar vivendo naquele mesmo sistema em que viviam, nisso os revolucionários justificaram tais liberticídios e produziram ditaduras e os mais vergonhosos episódios da história da humanidade, como a execução das mártires carmelitas de Compiègne. Já que agora o estado deve ser laico e deve-se respeitar todas as religiões igualmente, significa na verdade que não se respeitará mais as religiões que se consideram exclusivas do ponto de vista metafísico. É com este raciocínio que se defendeu a execução de alguém como uma freirinha carmelita de 78 anos pela guilhotina, sem falar de diversos outros episódios na história ocidental que foram esquecidos graças à hegemonia maçônica-liberal ou comunista-trotskista nos meios informativos e intelectuais, pois mais importante do que lembrar de episódios como a execução de Gabriel García Moreno, do massacre dos Cristeros, de D. Vital, da Grande Fome Irlandesa é dever da sociedade se atentar às graves violações dos direitos dos travestis em não poderem usar o mesmo banheiro que mulheres usam...

Assim como as maiores violações à liberdade humana foram feitas com o pretexto de oferecer liberdade, hoje em dia se faz guerra na Europa Oriental, no Oriente Médio e se provocam tentativas de balcanizar o mundo com base no ideal de direitos humanos e dignidade da pessoa humana. A deposição de Saddam Hussein no Iraque nada mais fez que oferecer mais poder aos sunitas radicais, a tentativa de destituir Bashar Al-Assad nada mais fez que oferecer mais de um terço da Síria ao Estado Islâmico da Síria e do Iraque, a queda de Kaddafi perpetrada por países da União Europeia e dos EUA nada mais fizeram que provocar mais desestabilização em tal país, a

A Última
Cultura
Finis
Mundi

Primavera Árabe se resumiu a histórias com fins trágicos e promessas de utopia que terminaram em mais episódios sangrentos.

A conclusão que se tira de tudo isso é que a ideia de se prometer liberdade ou direitos a todos igualmente nada mais faz do que justificar violações piores ainda àqueles que não aceitam tais premissas. O mundo moderno é construído e edificado sobre pilares de barro que intercalam paradoxos tão profundos quanto abismos.

Referências Bibliográficas

JAEGGER, Werner. Paideia: A Formação do Homem Grego. 3. Ed. São Paulo: Martins Fontes, 1995. Livro Primeiro, A Primeira Grécia, Nobreza e Aretê e Educação estatal de Esparta.

DUGIN, Aleksandr. A Quarta Teoria Política. Primeira edição. 2012. Capítulo 1: Introdução, Ser ou Não Ser. Capítulo 2: Início Conceitual. O Fim do Século XX – O Fim da Modernidade.

DUGIN, Aleksandr. Quarto Estado: História e Significado da Classe Média. Disponível em: http://legio-victrix.blogspot.com.br/2014/11/aleksandr-dugin-quarto-estado-historia.html

FORT, Gertrude von Le. A Última ao Cadafalso, trad. de Roberto Furquim. São Paulo: Editora Quadrante. 1998. Apêndice histórico à edição brasileira.

PORTUGAL E O MERIDIONALISMO: "NOSTALGIA PELO FUTURO"

Edu Silvestre de Albuquerque[1]
Tito Lívio Barcellos Pereira[2]

Seria muita pretensão a brasileiros escreverem sobre o passado e o futuro da geopolítica portuguesa? Talvez. Mas em nossa defesa, advogamos que o fazemos como um filho que deseja lembrar o tempo de glória de seus pais.

Assim, podemos dizer agora com absoluta tranquilidade que nosso coração se entristece ao vermos intelectuais portugueses enamorados do *eurasianismo* do estadista russo Vladmir Putin. Somente se entristeceu assim quando soube da adesão portuguesa ao bloco militar *atlantista*, condomínio liderado pelos Estados Unidos e Inglaterra.

A nação portuguesa se constituiu cercada de vizinhos poderosos, explicitamente os mouros que se projetavam à partir do Norte da África, os franceses à partir do Leste e os ingleses à partir da onipresença nos mares do Atlântico Norte e Mediterrâneo. Mas as atuais gerações moldadas por referenciais da pós-modernidade parecem dar pouca importância para as lições da história...

Portugal atingiu seu auge no exato momento da valorização dos traços positivos do Antigo e do Novo Regime, conjugando numa terceira via o tradicionalismo e a modernidade. Isto significou a necessidade de transformação do front interno também em front externo. Os mares e a barreira orográfica dos Pirineus como que avalizaram essa separação do mundo ibérico, respectivamente, do mundo de "bárbaros" islâmicos e do mundo dos "civilizados" europeus. Talvez então a geografia possa ensinar algo a essas novas gerações.

Com efeito, Portugal é outra coisa que o "bárbaro" e o "civilizado", algo mais transcendente, algo mais sincretizador. Traduzido em termos geopolítico, é algo além do *Eurasianismo* e do *Atlantismo*.

---

[1] Geopolítico e Professor do Programa de Pós-Graduação em Geografia da Universidade Federal do Rio Grande do Norte - UFRN / Brasil
[2] Pesquisador do Núcleo de Estudos Estratégicos da Universidade Federal Fluminense - UFF / Brasil

Os portugueses e seus parceiros-competidores castelhanos foram gigantes quando ousados. Quando perceberam que a geografia hostil de seu entorno exigia uma projeção destemida pelos mares do Sul.

Não é, portanto, absolutamente por acaso, que recentemente o geógrafo brasileiro Andre Roberto Martin vai situar as origens de sua teoria *meridionalista* na Reconquista.

O pivô geográfico na história da formação social portuguesa

A própria formação territorial lusitana havia sido compelida rumo ao Sul da península, uma vez que o expansionismo pelo continente europeu estava bloqueado pela ocupação dos mouros (Mapa 01).

Mapa 01 - A formação territorial portuguesa

A ocupação estrangeira e o bloqueio geográfico e geopolítico, asseverado pelos pela maritimidade britânica ao Norte e pelo continentalismo francês a Leste, fez nascer entre os portugueses uma forte vontade nacional. O geopolítico Eli Alves Penha (2011, p. 25), na obra *Relações Brasil – África e geopolítica do Atlântico Sul,*

destaca que a primeira estratégia marítima efetivamente global na história foi formulada pelo rei português D. Dinis (1279-1325), ainda que os meios para sua efetivação não estivessem totalmente postos.

Com a Reconquista, a estratégia naval globalista lusitana pode ser aplicada por D. Henrique, quando no primeiro quartel do século XV *"Portugal daria início às grandes expedições exploratórias, cuja meta era constituir uma rota oceânica das especiarias, como alternativa à rota terrestre então dominada pelos turcos otomanos, considerados hostis aos interesses comerciais europeus"*. Se Dinis havia influenciado a abertura de academias voltadas ao estudo marítimo - transformando homens do campo em competentes marinheiros - e a constituição de uma importante marinha costeira para proteger estuários e costas das incursões dos mouros; com D. Henrique, as caravelas e galeras portuguesas – importante inovação tecnológica na navegação à grandes distâncias – finalmente permitem o descobrimento da tão almejada rota marítima para as Índias.

O poder marítimo lusitano se evidencia na decisiva batalha naval de Diu (1509), com a conquista da Índia. Cabe rememorar que a marinha portuguesa realizou ainda os primeiros grandes desembarques anfíbios da história, durante a conquista dos Estreitos de Ormuz e Málaca.

Com a posse do *choke point* de Málaca vêm o controle da importante rota comercial na junção do Golfo de Bengala com o Mar da China. Portugal encrava também uma importante base em Cantão, representando a mais séria tentativa de subjugação do Império do Meio.

Essa onipresença mundial portuguesa era ainda completada pelo controle de Ceuta - a chave para o Mediterrâneo -, do Cabo da Boa Esperança - passagem obrigatória no Caminho das Índias -, e do Estreito de Magalhães - passagem marítima do Atlântico ao Pacífico.

Essa rede de segurança naval permitiu aos portugueses estabelecerem uma série de postos comerciais nas faixas litorâneas das Américas, África e Ásia, representando a primeira rede comercial efetivamente globalizada da história mundial.

Em resumo, o Império Ultramarino Português foi fundamentalmente produto do expansionismo pelas linhas costeiras do Hemisfério Sul, englobando colônias e enclaves às margens do

Atlântico Sul e Índico (Mapas 02).

Mapa 02 - O Império Ultramarino Português

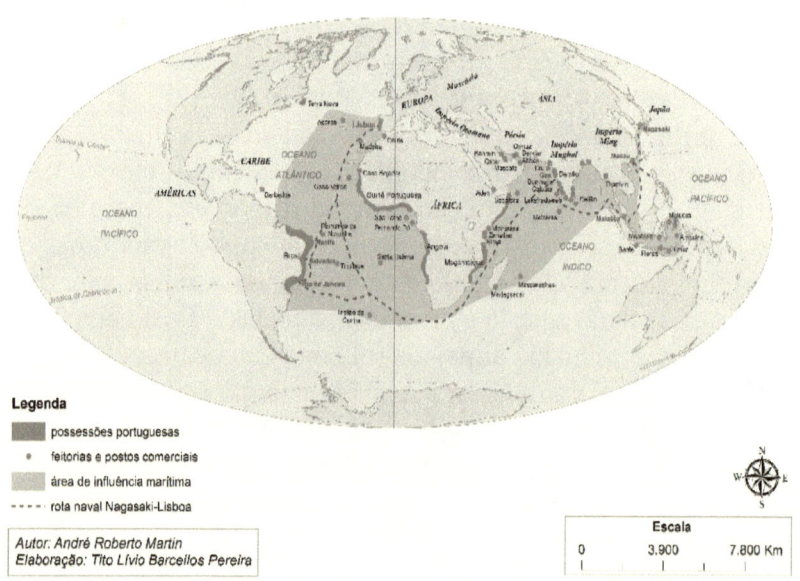

Legenda

■ possessões portuguesas
• feitorias e postos comerciais
▨ área de influência marítima
- - - - rota naval Nagasaki-Lisboa

Autor: André Roberto Martin
Elaboração: Tito Lívio Barcellos Pereira

Escala
0   3.900   7.800 Km

Mas o século XVII assinala a inflexão da *Pax Lusitana*. Expulsos pelas esquadras holandesas das estratégicas bases de Java, Sumatra e Málaca, os portugueses decidem centrar seus esforços justamente no Atlântico Sul. Acuados pela presença de competidores europeus na América do Sul (Brasil) e África (Angola), Portugal reforça sua logística naval a partir de um cordão de ilhas estrategicamente situadas ao longo do Atlântico: incluindo as posses mais antigas dos arquipélagos dos Açores e da Madeira e os domínios mais recentes das ilhas de Tristão da Cunha, Ascensão e Santa Helena, além do arquipélago de Cabo Verde.

Esse caminho oceânico rumo ao Atlântico Sul fôra fundamental na Conquista das Índias, e agora seria na colonização das terras brasileiras a partir do litoral atlântico. O geógrafo Manuel Correia de Andrade (2001) destaca que a própria formação da identidade nacional brasileira e seu embrião de uma geopolítica nacional surgem

subsumidas a esse projeto metropolitano lusitano no Atlântico Sul. Com efeito, a proximidade geográfica sul-atlântica cedo repercute na vida das colônias portuguesas brasileira e africanas, estimulando o nefasto mas auspicioso negócio do tráfico humano para as lavouras brasileiras.

Mais tarde, com a aceleração do processo de industrialização brasileira a partir dos anos 1950-60, a projeção do poder econômico brasileiro vai repetir exatamente a trajetória portuguesa ao eleger a África e o Oriente Médio como áreas prioritárias de uma "diplomacia comercial". Essa política externa brasileira assentada no vetor geopolítico do *meridionalismo* visava gerar alternativas políticas à crescente dificuldade de acesso aos mercados do Hemisfério Norte.

Entretanto, e diferentemente de Portugal, a expansão comercial brasileira não viria acompanhada do expansionismo militar. Assim, o Brasil vai abrir diversas embaixadas e estabelecer acordos comerciais na África Subsaariana (fundamentalmente trocando alimentos por petróleo africano), mas sempre se atendo a insuficiência de seus meios militares[3]. De modo que o geopolítico general Golbery do Couto e Silva, certamente o mais influente do regime militar de 64, argumentava que caberia ao Brasil assumir as funções dos Estados Unidos na defesa do Atlântico Sul contra as ameaças do comunismo soviético, bem como defender os interesses de Portugal na África lusófona e deter a "infecção do comunismo" (PENHA, 2011).

O conceito de *meridionalismo*

O *meridionalismo* representa a imposição da maritimidade como fator geográfico das estratégias nacionais militares e de inserção comercial no sistema-mundo. Só ali, confluem os Três Grandes Oceanos: enquanto o Hemisfério Norte expressa o poder terrestre e está restrito a apenas duas bacias oceânicas - e ainda divididas pelo Ártico -; ao Hemisfério Sul convergem todas as bacias oceânicas - e ainda a Antártida obstaculiza bem menos o comércio internacional.

---

[3] Nos anos 70, outro geopolítico militar brasileiro Carlos de Meira Mattos, defendia uma aliança entre as marinhas da Argentina, Brasil e África do Sul, ao lado das forças da OTAN, através da proposta da Organização do Tratado do Atlântico Sul (OTAS). Entretanto, a subordinação da marinha brasileira à estratégia naval atlântica dos Estados Unidos – herança da Segunda Guerra Mundial e do Tratado Interamericano de Assistência Recíproca (1947) -, impediu a projeção da "fronteira oriental" (África) brasileira no Atlântico Sul.

A Última
Cultura
Finis
Mundi

Com efeito, o professor André Roberto Martin caracteriza o Hemisfério Norte como denso territorial (extensão) e demograficamente, de clima frio e de maior facilidade das comunicações terrestres; e o Hemisfério Sul como disperso e, por isso, de maior facilidade das linhas de comunicação marítimas, de clima quente e com amplos fundos territoriais.[4]

Além disso, prossegue o professor, enquanto o Hemisfério Norte reúne todas as potências globais (Estados Unidos, Japão, China, Rússia, Inglaterra e França), o Hemisfério Sul detém uma pequena parcela do poder mundial, daí a contínua emergência da "questão meridional, ou seja, da estrutura assimétrica do sistema internacional manifestada em déficits de capitais, tecnologias e de poder das nações do Sul.

Em verdade, a polarização Norte/Sul vem desde os tempos coloniais, quando as lutas pela emancipação política expulsaram as potências colonizadoras europeias. Depois, durante a Guerra Fria, a "questão meridional" aflora como proposta de bloco de países não-alinhados. E atualmente, o novo meridionalismo aparece nas tentativas de reaproximação entre as nações do Sul, na forma de acordos coletivos (IBAS), parcerias estratégicas e acordos bilaterais (Brasil-Índia, Brasil-África do Sul, etc.).

Aliás, não fosse a retirada da China - um país inserido no Pacífico Norte como lembrava a geógrafa Therezinha de Castro nos anos 50 -, e as fronteiras do novo meridionalismo seriam basicamente aquelas do Terceiro Mundo. Para comprovar sua tese, Martin (1993, p. 112) cita o episódio do apoio chinês às demais potências setentrionais do Conselho de Segurança da ONU por ocasião da Primeira Guerra do Golfo Pérsico, "abandonando seu tradicional discurso de defesa do

---

[4] Conferência do professor André Roberto Martin no Seminário Estratégias de Defesa Nacional, promovido pelo Congresso Nacional, em 27 de novembro de 2012.

Terceiro Mundo".
Mapa 03 - A visão geopolítica euro-americana

O "Novo Mapa do Pentágono" de Thomas Barnett

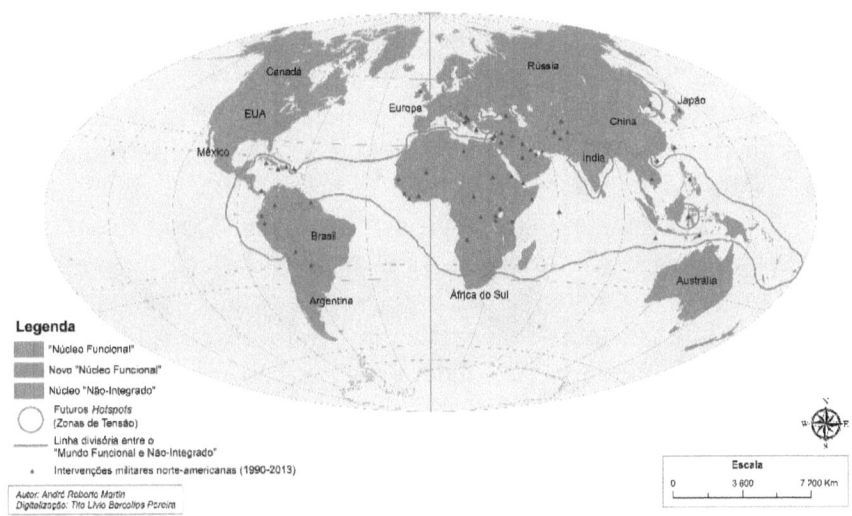

A "questão meridional" é continuamente reposta não apenas pelas assimetrias anteriormente descritas, mas também pela retomada das ações recolonizadoras das potências do Norte. As intervenções militares recentes dos Estados Unidos no "Núcleo Não-Integrado", segundo conceito elaborado pelo geopolítico norte-americano Thomas Barnett durante o governo de Barack Obama (Mapa 03), marcam esse momento. Mas hoje também a França retoma formas clássicas de imperialismo na África, assim como a Rússia o tem feito na Ucrânia. E talvez esse último exemplo seja aquele que melhor expressa a maleabilidade das fronteiras desse "núcleo não-integrado", pois a Ucrânia localiza-se em pleno coração europeu, numa região que os Estados Unidos julgavam "estabilizada" em seu favor.

O geopolítico sérvio Dejan Mihailovic (2008) situa essa retomada do intervencionismo militar das potências setentrionais no contexto da segurança energética de suas matrizes produtivas, numa posição análoga aquela já manifestada pelo geógrafo David Harvey (2004).

Portanto, a retomada das formas clássicas de intervencionismo

militar pelas potências mundiais, seja pelo controle de petróleo e gás ou qualquer outro motivo, redesenha o mapa do *meridionalismo* não apenas como uma condição geográfica (a localização no Hemisfério Sul), mas também como uma condição histórica e política, em razão da inserção subalterna no sistema internacional de poder. Prossegue Mihailovic (2008), o "novo meridionalismo" não se restringe a um conceito estritamente geográfico, senão é um fenômeno recente que apresenta elementos ideológicos, culturais e civilizacionais diferenciados. Ele cita como exemplo as ações em bloco do G-20 junto à Organização Mundial do Comércio (OMC), pelo fim dos subsídios agrícolas dos países centrais e pela quebra de patentes em setores como o farmacêutico.

Em texto seminal publicado do livro *Globalização e espaço latino-americano*, de 1993, Andre Martin também destacava esse caráter mais relativo, e menos balizado pelas coordenadas geográficas, do novo meridionalismo. Nele relaciona o retorno do multipolarismo com o fim da Guerra Fria, onde a polarização ideológica e militar Leste/Oeste é substituída pela polarização econômica e política Norte/Sul:

> [...]o hemisfério meridional (como) um imenso campo de manobra para o estabelecimento de "zonas de influência" dos detentores do poder mundial. É precisamente essa fragilidade que não é exclusivamente econômica ou militar, mas sobretudo política e diplomática, segundo nossa concepção, a condição de "meridionalidade". Ela incide, portanto, preferencialmente no âmbito da política, isto é, das relações de poder. (MARTIN, 1993, p. 113).

Prossegue o autor, o déficit de poder das nações meridionalistas reside no fato de que não tem hoje condições de definirem o seu destino de dentro para fora, ainda que tampouco o mundo de fora para

dentro possa resolver os grandes problemas contemporâneos sem o concurso autônomo destas nações:

> Quando a França, por exemplo, executa seus experimentos nucleares submarinos no Atol de Mururoa, de nada adiantam as reclamações de australianos e neo-zelandeses, pois, embora países de alto padrão de vida, não dispõem de poder militar ou diplomático suficiente para persuadir os governantes e militares franceses a suspender seus testes. (MARTIN, 1993, p. 113).

Os protagonistas do *meridionalismo*

Na proposta de Martin, os principais polos do *meridionalismo* - Brasil, Índia, África do Sul e Austrália - reúnem características simultaneamente continentais (economias mais autárquicas, amparadas em seu potencial agrícola e extrativista) e marítimas (economias mais abertas), daí que classificá-los como poderes anfíbios seria algo mais preciso[5].

Em entrevista à *Revista Geografia* (Editora Escala), André Martin vai reafirmar, agora num contexto geográfico, a necessidade de um bloco diplomático *meridionalista*:

> A "pérfida Albion" (apelido dado na era do imperialismo à Inglaterra) tudo fazia no intuito de "dividir para dominar" o planeta e em particular o Hemisfério Sul. Cabe ao Brasil, me parece, o papel de "unir para libertar" precisamente esse hemisfério, vítima do colonialismo. América Latina, Ásia,

---

[5] Entrevista do prof. André Roberto Martin ao *Programa Conectado com Dídimo Matos*, em 14 de abril de 2013. Disponível em http://www.youtube.com/watch?v=1hQr21W56M4. Acesso em 02 de outubro de 2013.

África e Oceania ainda apresentam resquícios daquele período e, não possuindo inimigos, vejo o Brasil em ótimas condições para "costurar" um bloco diplomático muito amplo, como é a minha ideia do "meridionalismo"[6].

A globalização perversa afirma a tendência de reprimarização das exportações brasileiras e de todas as demais nações *meridionalistas* com capacidade industrial instalada, daí que urge a retomada do desenvolvimentismo agora atrelado à perspectiva *meridionalista*. Essa hegemonia benevolente brasileira e dos demais polos de poder *meridionalistas*, envolveria o desenvolvimento de parcerias estratégicas em tecnologias intermediárias, capazes de libertar essa vasta região da dependência tecnológica e financeira do Hemisfério Norte:

- a abundância de reservas de urânio no Hemisfério Sul contrasta com o pequeno investimento em centrais nucleares;
- a riqueza em biodiversidade do Hemisfério Sul pode representar novas possibilidades no desenvolvimento de produtos químicos e farmacêuticos;
- a limitação das redes ferroviárias nos países da região pode ser compensada pelo desenvolvimento de trens com velocidades médias mas de menor custo que os TGVs europeus e japoneses.

Por outro lado, a articulação do bloco *meridionalista* poderia ainda auxiliar as próprias potências do Hemisfério Norte a equacionar graves problemas globais como tráfico de drogas, migração internacional, degradação do meio ambiente e crises fiscais decorrentes de dívidas externas impagáveis (MARTIN, 1993).

Considerações finais
Acreditamos que a "questão meridional" é uma questão premente também para os portugueses, onde a participação na OTAN não faz

---

[6] Disponível em http://conhecimentopratico.uol.com.br/geografia/mapas-demografia/25/artigo133508-2.asp. Acesso em 03 de outubro de 2013.

mais que mascarar o problema candente de déficit de poder de Portugal. É precisamente esse déficit de poder que separa as nações *meridionais* daquelas do mundo ocidental e do mundo eurasiático.

Dos polos de poder meridionais, talvez a Austrália represente o lado mais ocidentalizado (étnica e politicamente, ainda que cada vez menos economicamente), e a Índia a menos ocidentalizada, enquanto que a África do Sul seria a mais próxima da realidade brasileira. Qual seria a condição portuguesa nessa escala cultural e civilizacional do mapa-múndi do poder? Desejaria Portugal almejar uma condição de polo de poder *meridionalista* ao lado de Brasil, Índia, África do Sul e Austrália?

Em favor desses questionamentos, cabe lembrar que os mares representam o destino comum das nações do Sul e de Portugal, a base geográfica e geopolítica de qualquer projeto de unidade diplomática e militar autônomo em relação às potências setentrionais. A garantia dos recursos marítimos próximos das plataformas continentais e da livre-navegação para os navios sob suas bandeiras nacionais representam a realização desse destino manifesto meridional. Mas a segurança coletiva meridional deve caminhar junto da cooperação econômica e tecnológica entre as nações imbuídas do *espírito meridionalista*. A geografia é destino dos portugueses, outra vez!

Referências

ANDRADE, Manuel Correia. **Geopolítica do Brasil**. São Paulo: Papirus, 2001.

HARVEY, David. **O novo Imperialismo**. São Paulo: Loyola, 2004.

MARTIN, André Roberto. Qual é o nosso "bloco"? O Brasil procura o seu lugar no mundo. SCARLATO, F.; SANTOS, M.; SOUZA, M. A.; ARROYO, M. (Orgs.). **Globalização e espaço latino-americano**. São Paulo: Editora Hucitec, 1993.

MATTOS, Carlos de Meira. **Geopolítica e Trópicos**. Rio de Janeiro: Biblioteca do Exército, 1984.

MIHAILOVIC, Dejan. Geopolítica y orden global: posibilidades para un nuevo meridionalismo. **Razón y Palabra,** Instituto Tecnológico y de Estudios Superiores de Monterrey - México, vol. 13, núm. 62, mayo-junio, 2008. Disponível em: http://www.redalyc.org/articulo.oa?id=199520738002

PENHA, Eli Alves. **Relações Brasil - África e geopolítica do Atlântico Sul**. Salvador: EDUFBA

DESVELANDO O PLANEAMENTO ESTRATÉGICO DE OTTO VON BISMARCK

A fundação do II *Reich* e a Unificação Alemã de uma perspectiva da Estratégia

Nuno Morgado

Resumo. Este artigo tem como objectivo empregar um modelo teórico específico de Planeamento Estratégico ao legado político do Chanceler alemão Otto von Bismarck.

A metodologia utilizada corresponde às etapas do próprio modelo de Planeamento Estratégico: análise dos ambientes interno e externo, ou seja, identificação das forças, fraquezas, oportunidades e ameaças (análise SWOT), formulação estratégica, operacionalização, e avaliação e controlo.

Organizado de forma a conter uma primeira parte teórico-conceptual, na qual se explica o modelo em si, e uma segunda parte na qual se realiza o teste empírico para a validação do modelo num período histórico específico, o artigo apresenta o aspecto inovador de tratar o governo de Bismarck de uma óptica sistematizada pelo Planeamento Estratégico.

Palavras-Chave. Estratégia, Planeamento, Nacionalismo, Militarismo, Autocracia, Unificação

Abstract. This paper aims to establish relations between a specific model of Strategic Planning and Chancellor Otto von Bismarck's administration.

The methodology corresponds precisely to the steps of mentioned model that means: analysis of the external and internal environments, i.e. identification of strengths, weaknesses, opportunities and threats (SWOT analysis); formulation; operationalization; assessment and control.

The paper is structured in two parts: a first one theoretical and conceptual, in which the explanation of the model is accomplished, and a second part devoted to the empirical test as validation of the model.

In fact, the innovative aspect of this article is, indeed, to analyze Bismarck's administration under the systematized perspective of Strategic Planning.

Keywords. Strategy, Planning, Nationalism, Militarism, Autocracy, Unification

A Última
Cultura
Finis
Mundi

Antelóquio

Este artigo tem o propósito de ensaiar o emprego do modelo teórico estudado na unidade curricular de Planeamento Estratégico, integrada no curso do ciclo de estudos conducentes ao mestrado em Estratégia ministrado no Instituto Superior de Ciências Sociais e Políticas, aplicando-o com algum detalhe e originalidade ao legado do *Reichskanzler* [Chanceler] alemão Otto von Bismarck.

Desta forma, não se pretende um trabalho de exaustiva descrição histórica, mas antes uma transposição concreta de uma visão estratégica para um período em particular.

Com o intuito de concretizar a tarefa, o esquema metodológico situa a temática do artigo no âmbito da modalidade de acção estratégica integral do Estado (Fig. 1), na vertente "fortalecimento do poder do Estado", uma vez que se tratará da fundação de um Império. O artigo baseia-se nos métodos dos estudos estratégicos, que partilham terreno com o próprio método científico e suas fases: observação do fenómeno, delimitação do objecto, elaboração e teste de hipóteses, verificação das conclusões. No que se refere especificamente à recolha e análise de informação, a escolha assenta na análise qualitativa, sendo as fontes privilegiadas para recolha de informação obras de referência, notas e trabalhos académicos no âmbito da História das Relações Internacionais, Estratégia, e História da Alemanha.

Em termos de estrutura, o artigo é organizado em duas partes: a primeira dedicada à formulação teórica do modelo genericamente descrito: análise, formulação, operacionalização e avaliação e controlo, na qual a noção de planeamento estratégico, e a clarificação do conceito de estratégia encontrarão espaço; e uma segunda parte na qual o modelo teórico sofrerá um teste empírico contra a realidade da Alemanha bismarckiana, destacando particularmente a formulação, que se assume no verdadeiro intento desta reflexão.

Como nota introdutória à segunda parte, importa salientar que a História da *Germânia* é, em si mesma, complexa, quando comparada com o percurso histórico de outros Estados da região designada de *Europa* (Morgado, 2013).

Assim, particularmente distinta da História da Nação Portuguesa – una e coesa desde que foi forjada, arrumada num Estado com as fronteiras delimitadas desde o século XIII (das mais antigas da Eurásia e do Mundo), sem alteração com a excepção da questão oliventina, e que, por essas razões, não tem a experiência histórica de país retalhado em reinos, principados, bispados, etc. cada um deles com grande autonomia, cultura, leis, costumes, princípios e até dialectos característicos – a História da Alemanha assume, enfim, *per se* um interesse peculiar. Mas, consequentemente, toda essa fragmentação de linhas ténues na *Mitteleuropa* acabaria, uma vez dissolvidos os dois impérios, herdeiros do antigo *Reich*, por encontrar linhas vincadas no pós-I Guerra Mundial e multiplicadas no pós-1989.

Por último uma nota prosaica. Temos vindo a dedicar alguns anos de estudo ao espaço Germânico em geral e à Alemanha em particular. Neste momento em que tanto se discute sobre a Alemanha, sobre o seu poder no seio da União Europeia e no Mundo, torna-se oportuno no mais alto grau passar revista à História, a fim de que, utilizando as lentes da Estratégia, se possa observar as raízes de algumas questões bem interessantes e por isso merecedoras de atenção.

3) **Formulação do modelo teórico de Planeamento Estratégico**

Agir de acordo com um plano que garanta algum grau de certeza, devidamente balizado num quadro teórico que, para além de analisar o ambiente, atribui directrizes formuladas para a acção, é uma condicionante exacta que aumenta a possibilidade de sucesso.

Com efeito, o modelo de Planeamento Estratégico que se segue ensina a coordenar, num ambiente de disputa e conflitualidade hostil, os diversos meios de que um Estado dispõe, articulando o seu potencial com o espaço e o tempo em que a acção estratégica se inclui, a fim de alcançar os objectivos determinados e que divergem necessariamente dos objectivos do *outro*, no intuito final de cumprir a missão.

Nesta dinâmica, e com o intuito de sedimentar e seguir o raciocino, é oportuno recorrer à definição de Estratégia segundo o Almirante S. Ribeiro (2008) (2009) como "a arte ou ciência de

edificar, estruturar e empregar meios de coacção política, económica, psicossocial, militar, etc. num dado meio – interno ou externo – em determinado tempo e com vista a alcançar objectivos".

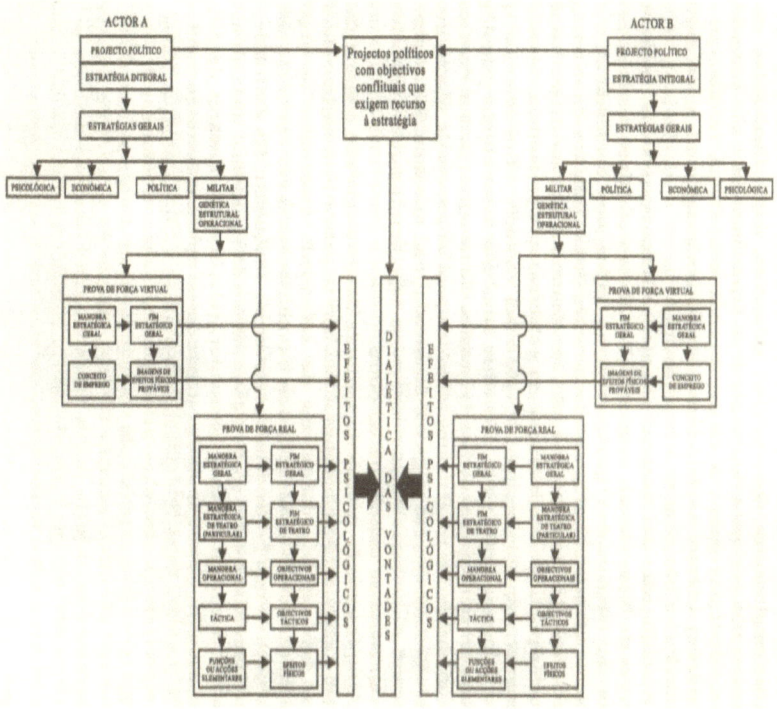

Fig. 1 – Estruturas no ambiente estratégico (Ribeiro: 1998)

Posta esta clarificação do conceito de Estratégia, que encerra *esse in* as vertentes "genética, estrutural e operacional" (Nogueira: 2005), projectando-se em "edificar, estruturar e empregar", como foi explicitado, pode prosseguir-se para a explicação da função do Planeamento Estratégico que, assumido por gestores de alto nível, exige técnicas e estudo altamente específicos para focalizar, na prática, a acção estratégica para os objectivos traçados e efectivamente importantes.

Tomando o quadro teórico proposto (Ribeiro: 2008), o Planeamento Estratégico estabelece-se em: <u>análise do ambiente,</u>

formulação estratégica, operacionalização estratégica e avaliação e controlo.

No que respeita à análise do ambiente, a análise SWOT constitui um excelente instrumento no sentido de identificar quer as forças/potencialidades (S) e fraquezas/vulnerabilidades (W) no ambiente interno, quer as oportunidades (O) e ameaças (T) que compõem o ambiente internacional. Em cada um destes componentes devem ser recolhidos entre 5 a 10 pressupostos, sob pena de não se atingir a profundidade necessária ou, por outro lado, se cair na "exaustão estratégica".

Deste modo, o ambiente externo será analisado pela leitura atenta das forças globais de natureza político-legal, económica, militar, social; como também pelo estudo dos actores das Relações Internacionais na área de interesse do Estado, i.e. os que integram os grupos de *aliados* (que contributo é dado), *neutros* (possibilidade constante de se revelar aliado ou inimigo) e *inimigos* (que prejuízos podem cometer).

O ambiente interno, por sua vez, será tratado de acordo com uma análise pragmática e funcional enraizada na observação dos valores culturais, da estrutura e dos recursos estratégicos disponíveis do país. Então, para a observação da cultura deve ter-se em conta a tradição histórica, (ver Fig. 2) expressa nas "representações", "valores" e "crenças" como o Almirante S. Ribeiro refere (1998: 135-137). Já a estrutura decorre, de algum modo, quer da tradição (no caso germânico é evidente) quer da filosofia política que, revestindo-se de filosofia de governo, estrutura o Estado, traduzindo a sua forma de organização em comunicação, autoridade e fluxos de decisão e obediência. Nos recursos estão englobados: a experiência estratégica, os conhecimentos nas áreas funcionais estratégicas (agrícola, militar...) as capacidades de acção, os recursos financeiros, a liderança estratégica, entre outros.

Deste modo, também uma linha transversal atravessará esta análise, num prisma analógico de passado/presente do *Reich*, isto com o objectivo de apontar as potencialidades e vulnerabilidades na acção estratégica.

A formulação estratégica será, em verdade, o fulcro do pensamento. Através dela maximizar-se-ão as potencialidades,

diminuindo fraquezas e aproveitar-se-ão as oportunidades, vencendo-se ameaças, numa dialéctica que englobará quatro etapas: definição da missão, inventário dos objectivos, desenvolvimento das modalidades de acção e direcção consertada das políticas sectoriais.

Assim, a primeira etapa da formulação será a definição da **missão** (propósito e tarefa). Definida sempre em sentido amplo, no domínio do Estado isso implica, *in extremis*, a garantia da independência, a integridade territorial, a promoção da segurança e o bem-estar do povo. Por outro lado, a missão pode convergir e apresentar um sentido restrito limitado a sectores específicos do Estado. No entanto, a sua função é universal e reside na constituição de um elemento unificador e agregador ao qual tudo o resto se subordina.

Estabelecida a missão, enumerar-se-ão os **objectivos**, ou seja, os resultados a alcançar pelo Estado, qualificando-se e calendarizando-se. Estes resultados, ou finalidades concretas, são traçados e expressos pela análise ou dedução dos interesses nacionais, estando também ligados à filosofia política (Ribeiro: 1998) dos decisores de topo. Logo, se as *élites* forem discípulas de ideologias estrangeiras ou fiéis a forças estranhas ao Interesse Nacional, naturalmente que haverá discrepância entre os interesses da Nação e os fins dos governantes. Para além disso, em certas circunstâncias, os objectivos podem ainda surgir ditados por outro Estado, Organização Internacional ou outro género de Actor, obviamente com implicações nefastas para aquele que se vê obrigado a cumprir.

Todavia, na forma justa, os objectivos nacionais expressam o que o Estado pretende alcançar através de meios de coacção (cujo uso pode ser persuasivo ou coercivo) que dispõe em todas as suas expressões (ex.: diplomática, económica, militar). Por conseguinte, os objectivos de cada Estado imperam no âmbito das Relações Internacionais e se se partir do pressuposto realista, segundo o qual cada Estado pretende aumentar o seu poder e as suas conquistas necessariamente à custa do *outro*, então as noções de disputa tornam-se efectivamente mais claras, dado que se concretiza o emprego e a projecção do poder do Estado no exterior. Assim com as potencialidades, as vulnerabilidades, as oportunidades e as ameaças, também o número dos objectivos não deve ser escasso ou em demasia, mas num valor equilibrado e progressivo de atingir.

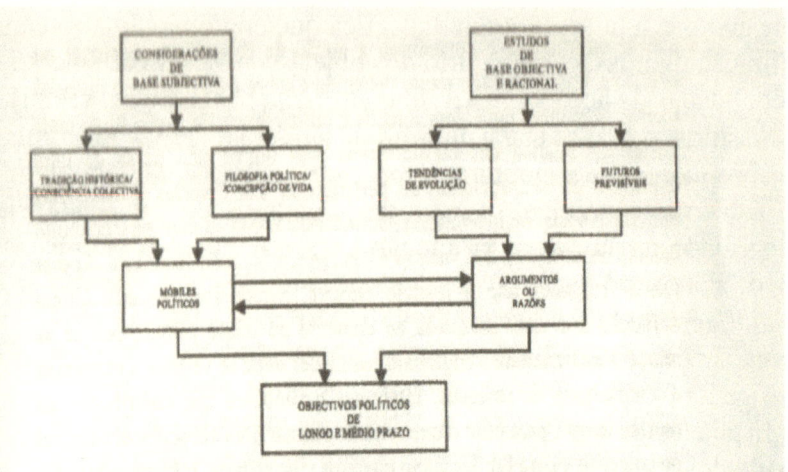

Fig. 2 – Base de definição dos objectivos (Ribeiro:1998)

Ainda no âmbito da formulação estratégica seguir-se-á o desenvolvimento das **modalidades de acção**, por outras palavras, a forma como o Estado irá alcançar os objectivos que enumerou, cumprindo a missão que definiu. Esta vertente da análise (e de escolhas) terá necessariamente de ter em conta a articulação entre os recursos e os objectivos (i.e. "o que se tem" e "o que se pretende") sob pena de se falhar a estratégia no seu todo.

Com efeito, as modalidades de acção projectam-se em três níveis: ao nível integral, em que se pretende dar orientação ao Estado como um todo, categorizando-se em "fortalecimento", "manutenção" ou "retirada" do poder do Estado; ao nível geral, em que o intuito é melhorar a posição de determinada área estratégica do Estado no conjunto da modalidade de acção estratégica integral (melhorando a eficiência ou criando diferenciação); e ao nível particular, da responsabilidade departamental em que se unificam as actividades e competências da mesma natureza, de forma a melhorar o desempenho.

Tendo em vista a parte empírica que se seguirá, importa insistir na modalidade de acção estratégica integral, fazendo notar que o *Reichskanzler* Bismarck optou pelo "fortalecimento do poder do Estado", emancipando-o no contexto eurasiático e até mundial.

Retomando o quadro teórico, a escolha das modalidades de acção

obedece a uma série de factores, desde logo da atitude perante o risco, ou das pressões do ambiente externo, assim como das pressões da cultura nacional a par das necessidades e ambições dos decisores de topo.

A última etapa da formulação estratégica será a direcção das orientações para a tomada de decisão, ou seja, das **políticas sectoriais.** A sua utilidade reside na garantia de que o agente que operacionaliza, em todos os patamares da hierarquia, serve na linha que conduz ao cumprimento da missão.

A operacionalização estratégica, da qual a segunda parte já não se ocupará, inclui a aplicação prática da modalidade de acção. De facto, desde logo se infere que, mesmo com uma excelente formulação, se a implementação da estratégia não for criteriosa e cuidada, arruína-se todo o projecto. Nestas circunstâncias "quem" e "como" se operacionaliza são questões-chave, assim como uma organização da estrutura do Estado apontada para a eficiência. Capacidades, experiência e formação são, então, três exigências básicas.

A operacionalização, por seu lado, subdivide-se em: programas, orçamentos e procedimentos.

Os programas materializam-se na lista de actividades concretas e necessárias para concretizar o projecto estratégico, a título de exemplo, cada Ministério tem o seu programa que depois é articulado com o de outros Ministérios num Conselho de Ministros ou reunião similar.

Os orçamentos estabelecem os valores financeiros dos custos da estratégia no global. Para aprofundar a noção, exemplifique-se que, ao observar o Orçamento do Estado de um país, conclui-se que modalidade de acção escolheu e segue.

Quanto aos procedimentos, são um padrão que insere os passos sequenciais indicativos em detalhe do "como" executar o programa.

No concernente à operacionalização no seu conjunto, refira-se ainda a necessidade dos canais de comunicação estabelecidas na relação topo/base para que os últimos compreendam o que é pedido e os primeiros tenham a noção concreta do que é possível ser feito.

Por fim, o quadro teórico encerra-se com a avaliação e controlo que têm a utilidade de monitorizar o que se pretende (objectivos) com o que foi efectivamente conseguido (desempenho) por meio do

seguinte procedimento: determinar concretamente o que avaliar, estabelecer padrões de desempenho, avaliar o desempenho final, comparar o desempenho estabelecido com o desempenho que se verificou, e acções correctivas. O acesso à circulação das informações para esta tarefa torna-se indispensável.

4) **Teste empírico ao modelo teórico de Planeamento Estratégico: a acção estratégica do *Reichskanzler* Otto von Bismarck**

Neste esboço geral da estratégia integral do Estado, impõem-se duas questões iniciais: "o que somos?" e "até onde podemos ir?" Assim, por meio da formulação de cenários e no átrio da deliberação, isto é, do processo de reflexão que antecede a acção, pode conseguir-se uma iniciação, com método, ao pensamento estratégico.

O *Chanceler de Ferro* pensou estas questões. Revelou-se, ao longo dos 28 anos como "Primeiro-Ministro" da Prússia e depois Chanceler do Reich, num homem providencial. Usando palavras de Bobbio (2001: 175), este estadista assumiu-se no verdadeiro "homem de Estado, o *condottiero* dos homens, o criador da cidade terrena" no universo do homem político.

Em verdade, esse realismo possibilitou a Bismarck traçar uma missão tangível – a criação de um Estado Alemão coeso e a união dos povos da *Kleindeutschland* numa *única Nação*. Conseguiu alcançar ou falhou essa missão? Que objectivos elegeu? Que modalidades de acção usou?

Para principiar, sublinhe-se que a linha de acção do *Reichskanzler* não se coadunou com uma dinâmica democrática. "Os grandes problemas não serão resolvidos por discursos e votos maioritários [...] mas pelo ferro e pelo sangue", avisou Bismarck perante o *Reichstag* em 1862 (Hollyday, 1971: 16-18). Com efeito, a Estratégia é, em certo sentido, um campo *autocrático* que requer método, organização e execução, em detrimento de discussões mais ou menos longas, tendo em vista consensos muitas vezes não granjeados.

Por outro lado, não se pode perder de vista que todas as linhas deste exercício de aplicação prática do modelo estratégico são atravessadas por uma linha diagonal de modelo empreendedor focalizado nas oportunidades, mas sem esquecer os problemas, em

que o processo de decisão e de coordenação é guiado pela visão do estrategista de acordo com uma forma autocrática de governo. A talho de foice, importa distinguir autocracia de absolutismo, pois enquanto o primeiro ocorre "quando as decisões não são efectivamente controladas por forças intragovernamentais", o segundo surge "quando o seu domínio não é efectivamente controlado por forças extra governamentais" (Mason, s.d.: 91). Efectivamente, Bismarck nunca permitiu que a sua liberdade para a manobra política fosse coarctada: nem pelo *Reichstag*, nem pelo povo alemão com as suas diferenças ideológicas e religiosas, nem pelos próprios *Kaisers* que serviu. E quando o terceiro *Kaiser* lhe criou problemas, *aposentou-se*.

Com efeito, o Chanceler Alemão teve sempre um estro bem vincado, aqueloutro que o *Richelieu Português* – o pensador, teórico barroco e bispo-conde de Coimbra D. Sebastião César de Menezes – identificou como a "arte de bem governar a República" (Menezes: 1945) – ou seja, a Razão de Estado. E para Bismarck este era o imperativo para construir um novo *Reich* e forjar a Nação.

Postas estas considerações que fundearam a política bismarckiana, principia-se pela análise do ambiente externo da Confederação Germânica.

No rescaldo da derrota de Napoleão em 1814 (1), encontrava-se a Confederação do Reno – entidade criada sob protecção do imperador francês – em visível degradação. O Congresso de Viena, organizado pelo sagaz *Fürst* Metternich estabeleceu uma Confederação Germânica presidida pelo Imperador da Áustria Franz I., que abdicara do título de Franz II. do Sacro Império Romano-Germânico [I *Reich*]. Esta organização política que englobava territorialmente quase todo o milenar *I Reich,* e que sofreu um estremecimento com as revoluções liberais de 1848, prolongou-se até 1866, data da Guerra das Sete Semanas – e a definitiva Batalha de Königgrätz – que se mencionará adiante.

Portanto, num dos seus segmentos, o Congresso de Viena ocupou-se em reorganizar as estruturas políticas da Germânia que Napoleão brevemente perturbara, e não em punir a França como culpada da desestabilização sofrida na Europa (incluindo em Portugal) do início do século XIX, como referem Bessa e Pinto (1999). Ao contrário desta dinâmica, mais tarde em 1919, verificou-se que a França não perderia a

oportunidade de humilhar a Alemanha, e para mais após uma guerra que se suspendera com um *Armistício* e não com um acto de *Rendição*, criando-se uma condição fundamental para favorecer, em muito, a subida de Hitler ao poder.

A par desta força global de estruturação política, a Europa Central das primeiras décadas do século XIX presenciou a restauração do absolutismo político e a consolidação de formas políticas supranacionais que, no entanto, sofreram um abalo com as revoluções liberais e ímpetos de democratização em 1848, mas que rapidamente haveriam de ser esmagados pela Contra-revolução. Com efeito, os ideais da Revolução Francesa estavam, pois, sepultados, o que não significa que não houvesse alguma contestação social intermitente, embora com impacto prático e positivo, como se verificará.

Ao nível socio-económico, vivia-se numa Europa rural. Estava-se nos inícios da industrialização que era, entretanto, liderada pela Grã-Bretanha. A preferência recaía sobre o liberalismo económico, mas o romantismo alemão trouxe pensadores defensores do proteccionismo económico como Georg Friedrich List.

Quanto ao ambiente externo militar, era extremamente adverso à Confederação, em especial ao Reino da Prússia, que a Europa via como potência emergente e perigosa. Efectivamente, apesar de firmada uma Santa Aliança entre o *König* [Rei] da Prússia, o *Kaiser* [Imperador] da Áustria e o *Czar* [Imperador] da Rússia, esta última estava de olho nos Balcãs para onde a Áustria se queria expandir, a Prússia considerava provocar a Áustria para assumir a liderança na Europa Central e a Áustria pretendia manter o concerto europeu que criara no pós-1815. As desconfianças e sedes de poder não são matéria de que o Realismo se esqueça de contemplar na sua explicação do Mundo e das Relações Internacionais.

Assim sendo, e desde que Bismarck assumiu o cargo de "Primeiro-Ministro" [*Ministerpräsident*] da Prússia, em 1862, começou a trabalhar num sistema de alianças que se revelou numa obra-prima em termos estratégicos: se a Áustria é aliada em 1864, é inimiga em 1866 e neutra em 1870-1; se a França em 1866 é neutra, em 1870-1 é inimiga. A Grã-Bretanha por sua vez não sai do estatuto de rival (2), e a França, em verdade também: "Para ele [Bismarck], o essencial se resume na convicção de que a França é a inimiga

hereditária da Alemanha" (Duroselle, 1992: 38).

Nesta perspectiva, podem resumir-se como oportunidades: as alianças político-militares – das quais é exemplo a Santa Aliança – que permitem manter a paz e estabilidade por algum tempo; a segurança internacional que daí se gera; as trocas comerciais de produtos entre países da Europa e recurso às matérias-primas das colónias (3); o papel da Prússia como potência militar emergente, dado que já com o *König* Friedrich Wilhelm I. se assumia como a terceira potência militar da Europa (Vilarinho: 1974/5), e o carácter dissuasor que daí resulta; o nacionalismo contra-revolucionário alemão, como reacção ao invasor francês, gerador de uma doutrina interna germânica muito particular. No concernente às ameaças, devem agrupar-se: estado de guerra latente entre Nações inimigas – mormente a França e a Grã-Bretanha; conflitos regionais (ex.: Balcãs saturados da ocupação otomana); competição na revolução industrial que se desenvolvia; disputa pela hegemonia de centros financeiros; conflitos tecnológicos de meios de produção e escoamento de produtos.

Partindo para a análise interna da Confederação Germânica, são os valores político-culturais antidemocráticos e antiliberais que marcam os primeiros pontos. Assim, os projectos ideológicos da democracia liberal no espaço germânico foram sucessivamente frustrados pela *élite* conservadora (Morgado, 2011b) (Morgado, 2013). De facto, a linha de homens de Estado conservadores é longa e englobou nomes como Metternich, o *Kaiser* Franz Joseph, Schwartzenberg.

Ligando os factos e entrando na análise da estrutura, na Germânia oitocentista eram ainda as antigas *élites* que, ao manterem os seus privilégios e influência, dominavam os Estados. Tratava-se de uma ". . . fusão militarizada de burocracia real e aristocracia proprietária. . ." (Moore, 1983: 430). Os *Junker* e os Industriais compunham uma *élite* poderosa sendo a Prússia, talvez, o mais antidemocrático de todos os Estados que compunham a Confederação Germânica. O corpo burocrático do Estado, os diplomatas, e as forças armadas – a *élite* prussiana estava no autocrático controlo do sistema.

Deixando a Prússia e regressando à Confederação Germânica na sua totalidade, faz, também, todo o sentido afirmar-se, relativamente

ao fracasso do liberalismo e da democracia por via revolucionária, que "os aristocratas austríacos já não eram os únicos a rejeitar a revolução; os burgueses começavam também a estar fartos dela" (Macedo, 1968: 231), em suma, adveio o que Gaile (1991: 306-313) designou de *Sieg der Konterrevolution*" [vitória da Contra-revolução]. Quanto às razões que explicam o fenómeno, a leitura de Weber (1983) ajudará a compreender – a burguesia germânica não desafiava o sistema, mas acomodava-se a ele, pois o intuito não seria governar, mas antes acumular riqueza.

Relativamente a recursos (4), pode começar-se por mencionar os recursos humanos. Neste âmbito, derivado da chamada "explosão demográfica" a população aumentou exponencialmente no espaço germânico. Por outro lado, essa população cedo começou a ser altamente treinada num sistema de educação superior e avançado para a época – aliás o filósofo Fichte (2002) já havia chamado a atenção para a importância do papel da educação. No mais, aos povos germânicos é característica uma grande idoneidade estratégica talhada sobretudo para a acção, assim como uma forte aspiração comunitária para a mobilização em nome de uma causa comum. Denote-se ainda um enorme ardor ao trabalho (especialmente o industrial) e indiscutíveis aptidões militares, empiricamente verificáveis ao longo da História (Morgado, 2013).

Em relação a este último aspecto, numa análise mais específica, importa salientar, como paralelo cultura/recursos a atracção pela guerra (e pela morte) que os povos germânicos nutrem (Morgado, 2011b: 68-69) e que alcançou um clímax perverso com o Nacional-Socialismo.

Nestas circunstâncias, podem sintetizar-se como forças: sistema(s) político(s) "pseudo-constitucional e semi-absolutista" (Abrams, 1995: 1) metódico, eficiente, rigoroso e autoritário, funcionando no Reino da Prússia, no Império Austríaco e demais Estados que compunham a Confederação Germânica; capital de conhecimento acumulado através do legado histórico da excelente visão estratégica de alguns governantes (ex.: Friedrich II. da Prússia, Chanceleres Metternich, Schwartzenberg); a existência de uma crença na superioridade moral e até racial dos povos germânicos (Morgado, 2011b: 73) que, devidamente estimulada facilitaria a

união; *Zollverein* previamente instituído (em 1834) (5); riqueza de minérios do subsolo que faria estalar o processo de industrialização mais dinâmico da Europa; grande capacidade de mobilização; sistema educativo com uma base filosófica forjada e objectivos claros; forte cunho militarista e uma propensão geral para a guerra. Como fraquezas, denote-se: elevada fragmentação causada por *micro*-culturas germânicas (linguísticas, regionais, tradicionais) que dificultariam a união; ligadas a estas, uma tendência para a autonomia e descentralização, em especial das regiões do Sul (ex.: Áustria, Baviera, Württemberg) (Vives: 1961); exagerada disputa e antiga ânsia da Prússia em esmagar a Áustria (6); constante discussão e lutas internas subsequentes entre os apoiantes da opção pela *Kleindeutschland* ou pela *Großdeutschland*; divergências político-constitucionais, sociais e técnicas que decorrem destes factores.

Realizada a análise do ambiente interno e externo da Confederação Germânica, que estrutura o quadro que Bismarck tinha em sua frente quando foi nomeado *Ministerpräsident* da Prússia em 1862, passa-se à etapa seguinte do modelo orientador – a análise da formulação da Estratégia.

Em primeiro lugar, relembre-se a dupla missão que Otto von Bismarck definiu: a criação de um Estado Alemão coeso (II *Reich*), projectado sob hegemonia da Prússia, e a Unificação da Nação. Assim, foi este o par agregador que Bismarck colocou no topo do seu conjunto estratégico, para que uma nova Alemanha sobrevivesse no tempo e se impusesse na Eurásia e no Mundo.

Subordinado a esta missão, por meio quer da dedução dos interesses povos Germânicos, quer obedecendo a ditames de uma filosofia política tipicamente germânica, descrita acima nos seus traços essenciais, Bismarck elegeu, então, alguns "objectivos básicos" (Ribeiro, 1998: 155): criar uma Alemanha com um território suficiente (ou nas palavras do Chanceler de Ferro "satisfeita" (Hollyday, 1971: 16-18)); estimular laços de união entre os povos germânicos; lançar as bases de uma grande potência industrial; apostar no militarismo e aperfeiçoar a poderosa máquina militar; e criar um Império Colonial.

Com efeito, foram estes alguns dos desígnios maiores que Bismarck traçou para serem alcançados através dos meios de coacção

política, diplomática, económica, militar etc. Em resumo, Bismarck teve sempre em vista o aumento de poder e numa fase mais avançada a manutenção desse poder conquistado.

Todavia, "como" foram concretizados estes objectivos? Entra-se pois no domínio das modalidades de acção.

Como se expôs, a luta pela construção nacional e conquista de lugar de destaque na arena internacional possuía duas frentes: um fomento e sedimentação internos, bem como uma expansão externa. Nestas duas frentes havia que potenciar as forças e limitar as fraquezas, controlar as ameaças e aproveitar as oportunidades.

Deste modo, Bismarck, como nacionalista prussiano contaminado por intransigentes ideias anti-austríacas, via-se perante um grande bloqueio: era, nesse ano de 1862, *Ministerpräsident* de um Estado que estava subordinado ao Imperador da Áustria por ordenamento político – a Confederação Germânica [*Deutscher Bund*] (fig. 3). Bismarck tencionava destruir esse *status quo*, mas antes teria de solucionar outro problema. Com efeito, a sua primeira modalidade de acção estratégica é a guerra.

Em 1863-4 surge uma crise dinástica relativa à soberania sobre os ducados de Schleswig e Holstein, disputados entre a coroa dinamarquesa e a aristocracia germânica. Aproveitando o momento, Bismarck, prometendo repartir os ducados, usou a Áustria como aliada, e lançou uma guerra que se previa fácil de vencer contra a Dinamarca. Efectivamente, a Prússia anexou o ducado de Schleswig e à Áustria coube o ducado de Holstein.

Contudo, um objectivo maior estava por alcançar: a libertação da "suserania" austríaca. Assim, na sequência de problemas políticos, garantida uma aliança com Itália que almejava territórios integrados no Império Austríaco e a neutralidade da França e da Rússia, Bismarck contemplou com satisfação a declaração de guerra do Império Austríaco à Prússia, guerra que haveria de perder amargamente nos campos de Sadowa, perto da cidade de Königgräzt, em 1866. A superioridade da estratégia militar, juntamente com a poderosa artilharia prussiana venceu o Império Austríaco e todos os Estados germânicos que se lhe aliaram (ex.: Bayern, Sachsen, Württemberg, Hannover). Com a Paz de Praga, Bismarck obteve o que almejava: a dissolução da Confederação Germânica, anexação

de parte dos Estados que haviam combatido ao lado da Áustria e a preponderância da Prússia na esfera do Estados germânicos (Fischer, 2007: 51-52), perante a garantia do Império Austríaco em não se envolver, de ora em diante, nos assuntos a *norte*.

Fig. 3 - A Confederação Germânica (Diercke, 2013)

O passo seguinte foi a proclamação da Confederação Germânica do Norte [*Norddeutscher Bund*] em 1867 (fig. 4), cuja Constituição foi elaborada por Bismarck e, mais tarde, adaptada para servir de base ao II *Reich*. Nesta medida, a Confederação Germânica do Norte, presidida pelo *König* da Prússia, isolando a Áustria desta construção, foi apenas um arranjo transitório, um tubo de ensaio para experimentar estruturas, na direcção do cumprimento da metade da dupla missão – a fundação do Império Alemão [*Deutsche Kaiserreich*].

Nesse ano de 1867, ano da independência do Luxemburgo, o Império Austríaco assume um compromisso dual [*Ausgleich*] com o Reino da Hungria – do qual viria a nascer o Império Austro-Húngaro. Em verdade, as vagas possibilidades para a constituição de uma Germânia una fica definitivamente enterrada (7).

Fig. 4 – A Confederação Germânica do Norte (Ostufer, 2013)

A última etapa para alcançar a missão da fundação do Império e o objectivo de garantir território suficiente para aquele, foi conseguida por meio da Guerra Franco-Prussiana de 1870-1.

No seguimento do vazio do trono espanhol pela abdicação de Isabel II, as Cortes Espanholas oferecem a Coroa a um Hohenzollern, ou seja, a um membro da dinastia reinante na Prússia. Naturalmente, França apressou-se a protestar, pressentindo um bloco que a cercaria em duas frentes, uma espécie de reedição do Sacro Império de Carlos V. Bismarck, ansioso pela guerra que traria a unidade alemã e o alargamento de território – tendo em conta que *Elsaß-Lothringen* [Alsácia-Lorena] seria de novo integrada na pátria germânica – mas não a podendo provocar para que não perdesse o apoio dos restantes

Estados germânicos, decide diligenciar a famosa provocação diplomática do *Despacho de Ems*.

Napoleão III não perdeu tempo e declarou guerra à Prússia. Bismarck, satisfeito, contemplou a sua *taktische* (Engelberg, 1985) triunfar em toda a linha, pois a França, eterna inimiga da construção da unidade germânica – e, naquele tempo específico bloqueio puro à adesão dos Estados do Sul à integração numa *Nação* una – agora, como agressora, para além de sentir o sabor da derrota militar, vai também assumir-se no elemento catalisador para que os Estados do Sul se unam em torno de Bismarck.

Foi portanto, desse modo, que a Prússia e o Estados Alemães entraram vitoriosamente em Paris, tendo já Napoleão III passado pela humilhação de ser capturado.

A 18 de Janeiro de 1871, na galeria dos espelhos do Palácio de Versailles – símbolo de uma França monárquica, ostensiva e poderosa que deixara de existir para sempre – o *König* da Prússia foi finalmente aclamado como *Kaiser*. Havia nascido o II *Reich* (8).

Portanto, prevaleceu a opção bismarckiana de *Reich* pela *Kleindeutschland*, uma Alemanha "prussianizada" na qual o *König* passou a *Kaiser*, o *Ministerpräsident* a *Reichskanzler* – "na prática, a unificação pode ser legitimamente vista como uma forma de expansionismo da Prússia" (Abrams, 1995: 7) (Schulze, 2005: 103) conseguida também através de promessas de protecção militar e prosperidade económica aos Estados germânicos.

No entanto, como já se afirmou, este novo *Reich* "não reúne todos os alemães" (Defarges, 2003: 77). Neste sentido, a par de Napoleão Bonaparte que criou as condições para a dissolução do Sacro Império Romano-Germânico, também Bismarck pode ser entendido como um *"coveiro do Pangermanismo"*, arruinando o sonho de muitos povos germânicos e germanizados em verem-se reunidos numa única Germânia. De facto Bismarck, seguindo metodicamente o seu planeamento estratégico, dedicou-se à fundação de um Império de acordo com a sua ideia de território suficiente e a isso nada mais correspondia do que a coesa *Kleindeutschland*.

No que se refere à segunda parte da missão – forjar uma *Nação Alemã* – o *Chanceler de Ferro* abandonou a guerra e fez uso de outras modalidades de acção.

No que se refere quer às populações dos territórios que anexou ao *Reich*, quer às próprias populações internas, numa lógica de homogeneização e unidade moral, foi empregue o processo de germanização, a fim de os integrar na língua, nas culturas e tradições germânicas. De resto, a germanização é um fenómeno bastante antigo – e recorrente na história do espaço germânicos – que remontará, pelo menos, ao *Drang nach Osten,* nascido na Idade Média (Morgado, 2011b) (Morgado, 2013).

Autocrata, aspecto já sobejamente sublinhado, entre 1862 e 1866 Bismarck governara a Prússia ignorando o Parlamento e nunca se coibira de violar a constituição que pelo seu próprio punho fora escrita. Nesta linha, a partir de 1871 – como *Reichskanzler* – foi sem surpresa que continuou a actuar do mesmo modo. Não teve qualquer escrúpulo em reprimir os "inimigos do Reich" [*Reichsfeinde*]: católicos, minorias étnicas (polacos, dinamarqueses, franceses) e socialistas. Apoiou-se largamente em plebiscitos e resolveu as questões com os seus métodos habituais. Ilegalizou organizações que entendia não serem benéficas para o seu projecto de harmoniosa unidade nacional. Inseriu uma coligação entre os *Junker* prussianos e classe média alemã e nesta relação estabeleceu uma das bases da Nação (Taylor, 1993: 136).

A "luta cultural" [*Kulturkampf*] (1871-1878) foi uma modalidade de acção bismarckiana bem específica (Ross, 1998). Tendo em conta que "desde 1871, o *Kaiser* era a cabeça da Igreja Protestante" (Abrams, 1995: 27) seria, então, óbvio que o luteranismo deveria tornar-se na religião maioritária da *Nação* (e, idealmente, a única com efectivo poder no Estado). Longe de ser, deste modo, apenas uma libertação dos laços de fidelidade ao Papa (9), o programa teve vastas consequências: isolamento dos católicos da política, expulsão dos Jesuítas, prisões e exílios de membros do clero, supervisão dos estabelecimentos de educação católicos. E para levar implementar esta modalidade de acção, Bismarck contou com o apoio dos liberais.

Todavia, os católicos resistiram e mostraram a sua hostilidade ao regime. Permanecendo fiéis ao papa, manifestaram publicamente o seu desagrado, robusteceram o Partido Católico [*Deutsche Zentrumspartei*] e venceram, uma vez que a política bismarckiana falhou no geral o seu propósito e, como efeito colateral, fortaleceu o catolicismo, catolicismo que era considerado como um empecilho à

unidade moral protestante da *Nação Alemã.*

De facto, Bismarck retractou-se da sua política anticatólica e apontou para outro alvo: os socialistas e os sociais-democratas.

Após a aprovação das Leis anti-socialistas (1878) (fazendo uso de censura, restrição de liberdade de associação, etc.), a ideologia oficial nacionalista, monárquica, e conservadora, via protestante, iniciou negociações com o Partido Católico (que perseguira), formando uma frente anti-socialista (Görtemaker, 1994). Ainda assim, muitos foram os socialistas que alcançaram lugares nas cadeiras do *Reichstag,* visto conseguirem a sua eleição através de candidaturas como "independentes".

As reformas sociais de Bismarck serviram para manter e melhorar o sistema e, simultaneamente, retirar margem de manobra aos socialistas. Nessa dinâmica, Bismarck instituiu pragmaticamente a lei sobre acidentes de trabalho, estabeleceu leis para seguros de doença e invalidez, concebeu leis para a instituição de pensões para idosos (acima dos 70 anos), criou enfim as bases do Estado de Previdência Social (o mais avançado para a época), conquistando o apoio dos trabalhadores, recebendo a aprovação do patronado industrial e assim, no cumprimento da missão, estimulou a unidade alemã. Os socialistas, vergados ao internacionalismo, naturalmente se opuseram a todo este desígnio (Hennock, 2007).

Esta verdadeira união nacional e social moderna foi, como se depreende, antiliberal, da qual nunca foi erradicado o "apego às marcas de prestígio, obsessão do estatuto, do respeito, consciência de uma missão a cumprir" (Defarges, 2003: 72) valores profundamente enraizados nas culturas da Germânia. Com efeito, a obediência, a disciplina, a ordem eram valores inculcados na Escola e na Igreja, a mobilidade social era permitida, mas não tanto incentivada e, portanto, preconizava-se uma perpetuação do sistema pelo poder das elites tradicionais. Não obstante, novas classes sociais emergiam: a burguesia industrial e, naturalmente, o operariado, classe extremamente heterogénea, e ambos um resultado directo da Revolução Industrial.

Em verdade, sobre a Revolução industrial, em 1815, a produção de ferro fundido na Confederação Germânica já havia começado a aumentar. Todavia, a industrialização maciça começou após 1871,

pois com a normalização da situação política e a anexação de *Elsaß-Lothringen* – riquíssimas regiões em termos de minérios – o poder industrial alemão começou a mover-se. Assim: as linhas férreas que se traçaram e facilitaram o transporte das matérias-primas e dos produtos, um único mercado existente que tornava as trocas simples e rápidas, o financiamento industrial pelo Estado e por grandes Bancos que forneciam o capital necessário para assegurar o sistema produtivo, a aposta na educação com os frutos de uma mão-de-obra qualificada e pronta para o trabalho (o sistema de educação era "relativamente avançado em relação à Europa" (Abrams, 1995: 29)) fizeram com que, em duas décadas, grosso modo, o *Reich* se transformasse radicalmente de país rural para uma potência industrial. A urbanização massiva, o crescimento populacional (de 1871 a 1914 a população alemã cresceu de 41 milhões para 68 milhões), o subsequente aumento do mercado e o trabalho das associações alemãs que espalhavam um sentido de unidade cultural e linguística – todos estes factores contribuíram, também, para que Bismarck triunfasse.

Porém, não se pode ignorar uma outra particularidade do carácter prussiano a que Bismarck não escapava e que envolveu nas suas modalidades de acção estratégica: o militarismo.

Deste modo, para além de apostar no militarismo e no aperfeiçoar da poderosa máquina militar, Bismarck fomentou também uma infiltração da disciplina militar na sociedade. Promovendo, assim, um cariz militarista de união em torno de um desígnio nacional, o Chanceler conseguiu com que os diversos povos germânicos (e germanizados) renunciassem a aspirações democráticas que internamente, de resto, não eram fortes. Desta forma, nas culturas germânicas de natural inclinação autoritária, esta foi uma modalidade de acção deveras simples de implementar. Instituiu-se, pois, uma sociedade "militarizada", na qual festivais, marchas, uniformes, tiros de artilharia, faziam parte desse universo. O Nacional-Socialismo, por seu lado, haveria de saber explorar essa dimensão até ao delírio, e para os mais fanáticos fins.

Especificamente no que se refere ao Exército, Bismarck estabeleceu que em tempo de guerra todas as forças militares do *Reich*, inclusive as forças dos Estados de Sachsen e de Bayern – Reinos autónomos – seriam controladas pelo governo central de

Berlin, ou seja, por si próprio. Nesta linha, o militarismo serviu como uma modalidade de acção concreta para a *unidade nacional*, no qual a aristocracia obtinha os seus títulos, os militares as suas promoções e os burocratas novos cargos.

Integrado na lógica de "território suficiente" está o objectivo da constituição de um império colonial para a Alemanha.

". . .O meu mapa de África é aqui na Europa. . ." (Abrams, 1995: 33) afirmara Bismarck. Contudo, o Chanceler empenhou-se profundamente na construção de um império colonial (Taylor, 2009: 211). Em 1882 fundou-se a União Colonial e a Conferência de Berlin de 1884-5 garantiria ao *Reich* a posse do que actualmente se designa por: Namíbia, Camarões, Togo, Tanzânia, Ruanda, Burundi, Nauru entre outros. Não havia precedentes para uma colonização germânica nem África, nem em nenhuma outra parte à excepção da Eurásia Ocidental (ex.: *Drang nach Osten*) – mas isso não foi obstáculo para Bismarck.

"Quem é a Europa?" (Duroselle *apud* Dias, 2005: 75) perguntava o Chanceler Bismarck ao Embaixador do Reino Unido em Berlin. Efectivamente, a sua política externa não se deixou coagir por interesses em nome do *status quo* mas, com prudência e por meio de alianças, levar a cabo uma *Realpolitik* em que a França estivesse isolada diplomaticamente, o Reino Unido apaziguado por meio do desinteresse alemão em apostar no poder naval, e o Império Russo, bem como o Império Austro-Húngaro mantidos como aliados na Liga dos Três Imperadores [*Dreikaiserbund*] (10), se bem que os Balcãs haveriam de instabilizar as relações (11). Com Itália as relações seriam também cordiais.

O fulcro da geoestratégia bismarckiana, e consequentemente da sua política externa, seria evitar uma aliança da França com a Rússia, de modo a escapar a um eventual pesadelo de uma guerra em duas frentes. Com efeito, a História da primeira metade do século XX confirmou a sua ideia. E por duas vezes.

Encerrando a fase da formulação estratégica, mencionam-se genericamente algumas políticas sectoriais para os diferentes órgãos do Estado Alemão. Assim, educação, justiça e governo local eram assuntos controlados pelas autoridades estaduais/regionais. Por sua vez, a defesa, comunicações, moeda, e leis eram matérias da

responsabilidade do "gabinete federal", ou seja, do *Reichskanzler* – do seu gabinete e de alguns funcionários superiores. Denote-se que não havia ministros, mas apenas Secretários de Estado (Tesouro, Negócios Estrangeiros, Marinha, Correios, Administração Interna e Questões de Jurisdição) (Stürmer, 2003: 22). E de salientar ainda é o facto de que não existia nenhum Secretário de Estado para a maior fatia do orçamento: o militar. Tratava-se, pois, da prerrogativa imperial *Komandogewalt*.

Todo o trabalho administrativo de maior relevância era realizado pelos funcionários da administração prussiana e dirigido pelo *Staatsministerium* [Conselho Ministerial] da Prússia, que controlava os Secretários de Estado do *Reich*. Como nenhum dos dois integravam o *Reichstag*, Bismarck era a chave de todo o sistema. Relativamente a códigos sectoriais jurídicos, uniformizou-se o código criminal logo em 1871 e a partir daqui o caminho termina em 1900, quando é publicado um único Código Civil alemão para todo o *Reich*.

A operacionalização de toda esta acção estratégica aqui analisada não é o fulcro deste trabalho, como foi delimitado na introdução. Todavia, a aplicação prática da modalidade de acção e as respostas ao "quem" e "como" se operacionaliza, da mesma forma que uma organização estrutural do Estado apontada para a eficiência, em que capacidades, experiência e formação se apresentam em três exigências básicas para a acção, não podem deixar de ser referidas.

A Europa Central – e especificamente a Áustria, a Alemanha – são viveiros de talentos de operacionalização (12), de maneira que, uma vez formulada a estratégia, por norma geral, a operacionalização tem historicamente decorrido sem problemas.

Desta forma, os programas, orçamentos e procedimentos encaixam respectivamente num conjunto de actividades necessárias para concretizar as modalidades de acção. Por exemplo: a implementação de um eficaz sistema de educação encaixou na totalidade dos valores financeiros e sua distribuição, e o padrão que insere os passos sequenciais explicativos ao "como" executar o programa, era estabelecido pelos governos estaduais/regionais.

Com a avaliação e controlo cessa esta aplicação prática do modelo teórico ao governo de Bismarck. Ao longo da análise foi defendido

que o *Reichskanzler* constituía o núcleo do poder no *II Reich* e que pouco dos assuntos de Estado lhe escapavam ao controlo. Fazia a avaliação da situação, corrigia a rota de desvios e mantinha a linha do seu projecto. A típica e cultural responsabilização germânica também cumpria o seu papel no controlo dos funcionários.

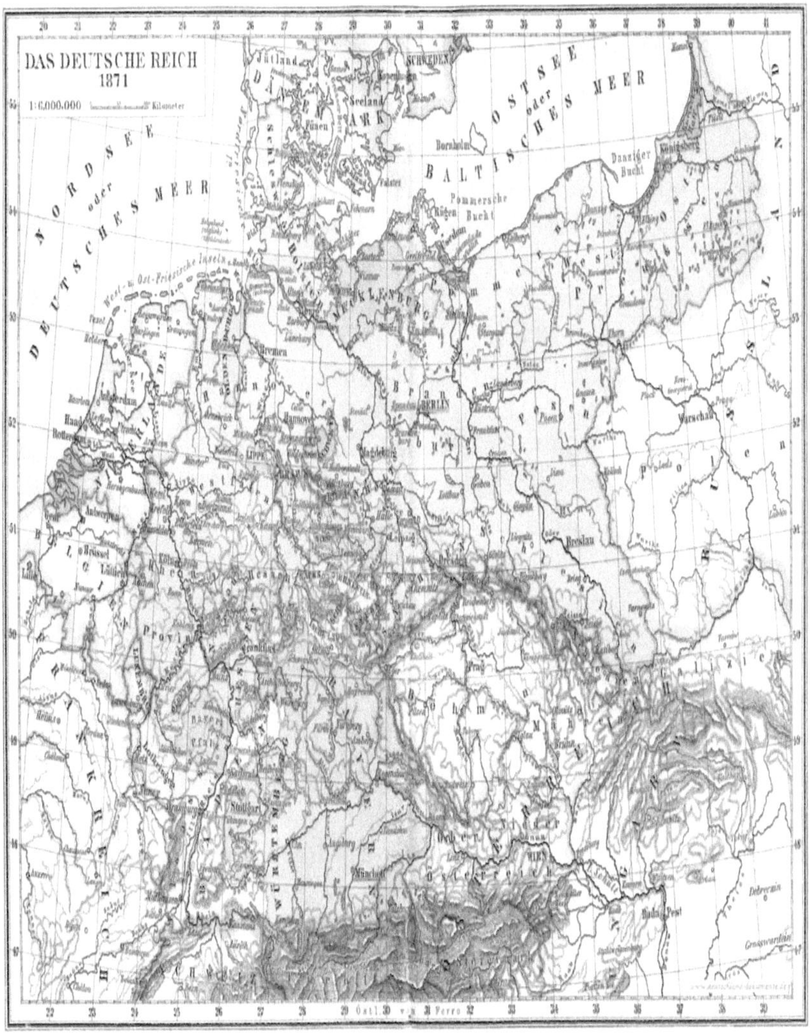

Fig. 5 - O II *Reich* [*Deutsche Kaiserreich*]
(Deutschlanddokumente, 2013)

Conclusões

Este artigo, na sua dupla vertente teórico-conceptual e empírica procurou expor as linhas teóricas do modelo de planeamento estratégico previamente estudado e aplicá-lo à Alemanha oitocentista e ao governo de Bismarck. Por conseguinte, o aspecto inovador desta análise não será ao nível da História, mas ao nível da Estratégia, e da validação de conhecimentos teóricos testados numa realidade concreta.

Monárquico, conservador e aristocrático, aquele Chanceler projectou uma imagem de supremo protector e primeiro servidor do *Reich*. Servindo-se de meios de repressão, doutrinação, manipulação, uso calculista de aliados, conseguiu concretizar a missão que adoptou – uma *Kleindeutschland* coesa e politicamente tradicionalista, i.e. a construção de um Império e a unificação da *Nação*.

Alguns autores como Abrams (1995) sugerem que o II *Reich* foi uma ilusão temporária. Pode concordar-se, na medida em que não seguia a linha do Pangermanismo. O Sacro Império Romano-Germânico, distinto quer do Estado dinástico, quer do Estado-Nação dos séculos XIX e XX, englobava em si uma tradição aglutinadora plurinacional. Por seu lado, o II *Reich* de Bismarck "era a verdadeira antítese [desse] império pré-moderno e supranacional do milénio passado" (Stürmer, 2003: XXX) Com efeito, a separação dual da Germânia decorre daqui e conclui-se a partir do período que se delimitou.

"A Europa de Bismarck repousava, na sua totalidade, mais na prudência e na habilidade de um homem do que sobre uma sólida estrutura. A queda de Bismarck, em 1890, ia revelar a fragilidade dessa construção" (Duroselle, 1992: 48). Assim foi. Pouco depois da partida do Chanceler, em 1890, o jovem *Kaiser* Wilhelm II., haveria de começar a destruir a teia de alianças que Bismarck laboriosamente dispusera. Às portas da I Guerra Mundial o cenário seria bastante distinto do que aquele que Bismarck deixara. Seria o preço a pagar por uma *Weltpolitik* de muita ambição e pouco sentido prático. Hitler haveria de não aprender coisa nenhuma e repetir os erros (Janßen, 2003).

Pereira (2003: 181) afirmou ". . .la política de Bismarck fue una combinación de planificación de largo alcance y de táctica". Efectivamente, o facto de se ter focado numa missão específica e num conjunto de objectivos tangíveis impediu Bismarck de se

escapar a uma visão irrealista, e de concretizar aquilo a que se havia proposto.

Die verspätete Nation [a Nação atrasada] é a noção da Alemanha a meados do século XIX: atrasada para a unificação, para a modelação, para a conquista de mercados, e para colonização ultramarina (Defarges: 2003). Bismarck, no espaço de alguns anos deu solução a todos estes problemas.

As decisões estratégicas são raras, exigem muitos recursos materiais e humanos, logo têm um segmento de forte consequencialidade, são direccionadas, apontadas para dado alvo e geram disputa e divergência entre os actores, ou seja, são polémicas. Todas estas características se aplicam à acção estratégica de Bismarck.

Abrams (1995: 67), por fim, relembra o "caminho distinto" que a Alemanha tem percorrido ao longo da sua História. Nessa dinâmica que a torna única, excêntrica e apaixonante, deve repetir-se o aviso que aquele autor deixou há já quase 20 anos: *"the so-called «German problem» has not completely disappeared"* (Abrams, 1995: 69).

Como derradeira nota, não se pode deixar de chamar a atenção para o facto de que o Planeamento Estratégico, no âmbito de uma área científica que se dedica também ao estudo do Poder, assume contornos de *instrumento* fundamental no que concerne a mudanças na estrutura dos Estados (o leque abre da Revolução e/ou Contra-Revolução à Subversão).

Com efeito, assim se sublinha, em fecho, a relevância deste saber.

NOTAS

D. Napoleão Bonaparte havia provocado indirectamente a abolição do Sacro Império Romano-Germânico – fundado no ano 800 por Carlos Magno – tendo em conta que, logo em Agosto de 1806, perante as vitórias sucessivas de Bonaparte, o *Kaiser* Franz II. tomou a decisão de dissolver o Império, antes que o invasor francês resolvesse reclamar também aquela coroa para si ou para um membro da sua família, como era prática corrente. Efectivamente, na Batalha de Austerlitz (2 de Dezembro de 1805), Bonaparte derrotaria as forças do *Reich*.

E. Relembre-se a extensão geográfica e o poder do Império

Britânico no século XIX: também por essas razões, a Escola Alemã de Geopolítica haveria de designar o Império Britânico – e não a França – como o maior rival de um projecto hegemónico Germânico (Haushofer, 1986: 34).

F.   Como se discorrerá sobre o assunto adiante, Bismarck haveria de impulsionar a criação de um Império Colonial para a Alemanha.

G.   Para um exercício comparativo com o potencial estratégico da Alemanha na actualidade, *vide* um outro trabalho (Morgado, 2011a)

H.   O *Zollverein* consistiu numa união aduaneira e em liberdade alfandegária, na uniformização de direitos, moedas, pesos e medidas, de normas administrativas comuns, e outras medidas similares aplicadas aos 38 estados alemães, assim como a imposição de um Código Comercial único (em 1861).

I.   Este sentimento facilitou a criação da Alemanha sob égide prussiana, mas enterrou definitivamente o projecto para a restauração de uma Germânia dilatada, na esteira do I *Reich*.

J.   Não se inclui o III *Reich* na lógica do Pangermanismo, tendo em conta que o Nacional-Socialismo representou uma ruptura com a tradição imperial e foi completamente estranho à fórmula (cristã) do *Reich* tradicional por vários motivos, nomeadamente pelo seu racismo veemente. O facto da palavra *Reich* e da numeração (III) aparentarem uma relação entre os fenómenos, não existe, nesta perspectiva, causalidade possível de ser estabelecida.

K.   O momento ficaria imortalizado no belíssimo quadro de Anton von Werner.

L.   Num discurso, em 1872, aludindo ao episódio de penitência do Imperador Heinrich IV., Bismarck prometeria: "Nunca mais iremos a Canossa!" (Zimmermann, 1975)

M.   De algum modo, uma espécie de reedição da Santa Aliança.

N.   E recorde-se que a I Guerra Mundial haveria de começar por um evento precisamente ocorrido nos Balcãs.

O.   Das terras da Germânia saíram, por exemplo, o Duque de Schomberg e o Conde de Schaumburg-Lippe-Bückeburg a fim de reorganizar o Exército português.

BIBLIOGRAFIA
Abrams, L., 1995. *Bismarck and the German Empire 1871-1918*. London: Routledge.

Beaufre, A., 2004. *Introdução à Estratégia*. Lisboa: Sílabo.

Bessa, A. e Pinto, J., 1999. *Introdução à Política – O Poder na História*. Vol. I. Lisboa: Verbo.

Bismarck, O., 1931. *Bismarcks Briefe an seine Braut und Gattin*. Stuttgart und Berlin: J.G. Cotta'sche Buchhandlung Nachfolger .

Bobbio, N., 2001. *Teoria Geral da Política - A Filosofia Política e as Lições dos Clássicos*. Rio de Janeiro: Campus.

Chaliand, G., 1993. *Atlas dos Impérios.* Lisboa: Editorial Teorema.

Defarges, P., 2003. *Introdução à Geopolítica.* Lisboa: Gradiva.

Deutschlanddokumente, 2013. *Das Deutsche Kaiserreich 1871 – 1919.* [online] Disponível em: http://www.deutschlanddokumente.de/krtKaiserreich1871-1919.htm [Consultado a 15 de Julho de 2013]

Dias, C., 2005. *Geopolítica: Teorização clássica e ensinamentos.* Lisboa: Ed. Prefácio.

Diercke, 2013. *Deutscher Bund 1815.* [online] Disponível em: http://www.diercke.de/kartenansicht.xtp?artId=978-3-14-100770-1&seite=60&id=15962&kartennr=1 [Consultado a 15 de Julho de 2013]

Duroselle, J., 1992. *A Europa de 1815 aos nossos dias.* São Paulo: Livraria Pioneira Editora.

Engelberg, E., 1985. *Bismarck, Urpreusse und Reichsgründer.* Berlin: Im Siedler Verlag.

Fichte, J., 2002. *Discursos a la Nación Alemana.* Madrid: Editorial Tecnos.

Fischer, M., 2007. *Guilherme II, o Último Imperador da Alemanha*. Estoril: Princípia Editora.

Gaile, J., 1991. *Wir Deutschen, Eine Reise zur den Schauplätzen der Vergangenheit*. Dortmund: Kartographischer Verlag Busche.

Görtemaker, M., 1994. *Deutschland im 19. Jahrhundert, Entwicklungslinien*. Opladen: Leske + Budrich.

Guedes, A., 1981. *Ideologias e Sistemas Políticos*. Lisboa: Instituto de Altos Estudos Militares.

Haushofer, K., 1986. *De la Géopolitique.* Paris: Fayard.

Hennock, E., 2007. *The Origin of the Welfare State in England and Germany, 1850–1914: Social Policies Compared.*

Cambridge: Cambridge University Press.

Hollyday, F., ed., 1971. *Bismarck – Great Lives Observed.* N.J.: Prentice-Hall.

Janβen, K., 2003. *Und morgen die ganze Welt...* Bremen: Donat Verlag.

Knopp, G., e Kuhn, E., 1990. *Die Deutsche Einheit, vom Traum zur Wirklichkeit.* Wien: Straube.

Macedo, J., 1968. *História Universal. Vol. 16 A Revolução Industrial. O liberalismo. Os novos impérios.* Lisboa: Europa-América.

Mason, P., s.d. *O Totalitarismo.* Lisboa: Delfos.

Menezes, S., 1945. *Suma Política.* Porto: Edições Gama.

Menzel, M., 2003. *Gekrönte Häupter, Die Deutschen Kaiser von Karl dem Grossen bis Wilhelm II.* Köln: Parkland.

Moore, B., 1983. *As origens sociais da ditadura e da democracia: senhores e camponeses na construção do Mundo Moderno.* São Paulo: Martins Fontes.

Morgado, N., 2011a. *Da Avaliação do Potencial Estratégico da Alemanha.* Madrid: Bubok.

Available at: http://www.bubok.pt/libros/4322/Da-avaliacao-do-potencial-estrategico-da-Alemanha

Morgado, N., 2011b. *Império Germânico: desígnio anulado ou a renascer? Uma perspectiva geopolítica.* Dissertação de Mestrado. Instituto Superior de Ciências Sociais e Políticas.

Morgado, N., 2013. *Germania – Geohistória da Europa Central. Diplomacia entre guerras: da Batalha de* Teutoburg *ao rescaldo da I Guerra Mundial.* Lisboa: Instituto de Altos Estudos em Geopolítica e Ciências Auxiliares.

Nogueira, J., ed., 2005. *Pensar a Segurança e Defesa.* Lisboa: Edições Cosmos, Instituto de Defesa Nacional.

Ostufer, 2013. *Norddeutscher Bund.* [online] Disponível em: http://www.ostufer.net/de/galerie/stadtplaene-historisch/deutschland-1866-1871-3277 [Consultado a 15 de Julho de 2013]

Pereira, J., ed., 2003. *Historia de las Relaciones Internacionales contemporáneas.* Barcelona: Ariel Historia.

Ribeiro, A., 1998. *Planeamento da Acção Estratégica Aplicado*

ao Estado. Lisboa: Minerva.

Ribeiro, A., 2008. Apontamentos da unidade curricular de Planeamento Estratégico. *Planeamento Estratégico (ES)*. Lisboa: Instituto Superior de Ciências Sociais e Políticas.

Ribeiro, A., 2009. *O essencial ao processo estratégico – Teoria Geral da Estratégia*. Lisboa: Almedina.

Ross, R., 1998. *The Failure of Bismarck's* Kulturkampf*: Catholicism and State Power in Imperial Germany, 1871–1887*. Washington D.C.: The Catholic University of America Press.

Schulze, H., 2005. *Breve Historia de Alemania*. Madrid: Alianza.

Sternburg, W., 2006. *Die Deutschen Kanzler – von Birmarck bis Merkel*. Berlin: Aufbau.

Stürmer, M., 2003. *O Império Alemão, Breve História, Grandes Temas*. Rio de Mouro: Círculo de Leitores.

Taylor, A., 1993. *The Course of German History*. London: Routledge.

Taylor, A. 2009. *Bismarck – o Homem e o Estadista*. Lisboa: Edições 70.

Ullrich, V., 1998. *Otto von Bismarck*. Hamburg: Rowohlt.

Vives, J., 1961. *Tratado General de Geopolitica, El factor geográfico y el proceso histórico*. Barcelona: Vicens-Vives.

Weber, M., 1983. *A Ética Protestante e o Espírito do Capitalismo*. Lisboa: Presença.

Zimmermann, H., 1975. *Der Canossagang von 1077. Wirkungen und Wirklichkeit*. Mainz: Akademie der Wissenschaften und der Literatur.

SOBRE A ORIGEM DAS FESTAS AÇORIANAS DO ESPÍRITO SANTO
Luís Couto

As festas mais características dos Açores e que marcam presença em todas as ilhas do arquipélago são, sem qualquer dúvida, as festas do Espírito Santo, realizadas entre o Domingo da Pascoela e o Domingo da Trindade.

As festas do Espírito Santo foram trazidas para os Açores pela Ordem de Cristo, a qual deteve durante vários anos a autoridade espiritual exclusiva nestas ilhas. Durante um século, os membros da referida Ordem puderam modelar os ritos paracléticos antes de perderem tal autoridade. No entanto, quando tal sucedeu, as festividades já estavam de tal modo entranhadas no viver e sentir dos açorianos, que foram capazes de vencer as adversidades impostas pelo clero católico.

O primeiro acto religioso nos Açores consistiu, significativamente, na realização de uma missa do Espírito Santo na ilha de Santa Maria, tendo sido edificado um templo de invocação a Nossa Senhora no local onde tal missa ocorreu, o que sublinha a influência Templária e da Ordem de Cristo que está na origem do culto a Nossa Senhora.

Nestas ilhas sísmicas «de alarme feito paisagem, se gera um estado de alma propenso a uma religião sem mediação eclesiástica. O culto do Espírito Santo encontrava o seu território ideal num povo que no simbolismo da auto-investidura do Imperador-Sacredote – a realeza espiritual e temporal do Eu colectivo – configurado no rito da coroação, satisfaz a um tempo a sua idiossincrasia comunitária e a sua relação vitalista com o transcendente.»[7]

As dificuldades com que os açorianos sempre se depararam nas ilhas, desde cataclismos de origem natural, como violentos sismos, a epidemias, contribuíram decisivamente para a força desta e de outras manifestações religiosas açorianas. A este propósito consta que, no ano de 1673 terá aparecido um cometa nos céus micaelenses, o que assustou muito o povo, já que este acreditava que tal tipo de aparição

---

[7] Natália Correia, *Açores: o lugar do Espírito*, in revista *Cultura Portuguesa*, n.º 1, Agosto-Setembro de 1981.

constituía prognóstico de castigos celestes. A verdade é que dias depois da aparição do cometa, começou a grassar uma epidemia que levou à morte de mais de vinte pessoas por dia. Desta forma, os nobres de Ponta Delgada recorreram ao Divino Espírito Santo e constituíram uma numerosa Irmandade, criando o Império da Misericórdia, que foi vulgarmente apelidado de *Império dos Nobres*. No primeiro Sábado depois da Páscoa, véspera do primeiro Domingo do Espírito Santo, fez-se ouvir pela cidade o tambor da folia do Espírito Santo, cujo som afugentava as enfermidades, de tal forma que mais ninguém adoeceu da epidemia e, aqueles que dela haviam sido vítimas, convalesceram. Na Segunda-feira, durante a celebração de uma missa do Espírito Santo na igreja da Matriz de Ponta Delgada, em acção de graças, uma pomba (principal símbolo desta manifestação religiosa) assistiu a todo o acto religioso, pousada parte do tempo sobre o púlpito e outra parte sobre o friso de uma capela, tendo subido por uma fresta da igreja depois de concluída a missa. Acaso ou não, em memória deste acontecimento passou a celebrar-se missa cantada na referida igreja, no dia em que tal se sucedeu, missa esta que nos primeiros anos juntou grande número de assistentes. Em sinal de agradecimento, continuaram com grande devoção os nobres o referido *Império*. Daqui vem a denominação *Segunda-Feira da Pombinha*, hoje feriado regional dos Açores.

A instituição de festas devido a um *ex-voto* relacionado com o Espírito Santo não é única dos Açores. Tal também sucedeu em Alenquer e Coimbra. O Espírito Santo desempenha funções de regenerador, tema recorrente da vida religiosa. É por intermédio dele que do caos se restabelece a ordem.

No que diz respeito às origens das Festas do Espírito Santo, antes de terem chegado ao arquipélago dos Açores, estas não são claras, podendo apontar-se várias hipóteses.

Há quem afirme que foram instituídas por Otão, o Grande, rei da Germânia, em 973, ao criar a Beneficência do Espírito Santo para acudir às calamidades e às imensas carências populares.

Outros afirmam que as origens destas festividades têm raízes em doutrinas que vieram a ser consideradas heréticas pela Igreja de Roma. Em primeiro lugar, na doutrina dos Cátaros, surgida em finais do séc. XI. Segundo Otto Rahn «os cátaros viam no Espírito Santo o Espírito

principal, a *Mani* ou o Paracleto (em brâmane, *Shakti*), uma espécie de contrapartida de Deus, um princípio feminino, a Mãe do Logos»[8]. Segundo os Cátaros, o Verbo (ou *Logos*) tinha como pai Deus e como mãe o Espírito, sendo o Verbo Deus. Em poucas palavras, o Espírito Santo consistiria assim na *Anima Mundi*. Os Cátaros rejeitavam o baptismo de água, tendo substituído este pelo *Consolamentum*, o baptismo do Espírito, e aspiravam à *Mani* consoladora, ao Paracleto prometido por Cristo. Quando falava aos discípulos, Cristo chamava Paracleto ao Espírito (auxílio). Princípio feminino, por consequência.

Acrescenta Paulo Alexandre Loução que «os Cátaros dividiam-se entre *crentes* e *perfeitos*. Estes últimos eram os iniciados cátaros que viviam em rigor ascético, completamente despojados de bens materiais e, tal como os priscilianistas, eram vegetarianos. Só eles podiam dar o *consolamentum*, ou seja, o baptismo do Espírito Santo que convertia um *crente* em *perfeito* depois de passar por um período probatório de instrução e disciplina ascética.»[9]

O símbolo dos Cátaros para designar o Espírito Santo era, tal como no Evangelho, a pomba. Relata-nos Otto Rahn que «um cátaro esculpiu uma pomba na parede rochosa de uma gruta do Sabarthès e nas ruínas de Montségur encontraram-se pombas de argila. Na Sexta-feira Santa, dia do Amor Supremo, da *Minne*, uma pomba vinha depositar uma hóstia no Graal. Uma lenda que ouvi contar a um pastor pirenaico dizia que o monte Thabor tinha sido aberto em dois por uma pomba e que Esclarmonde se tinha metamorfoseado no emblema do Espírito Santo.»[10]

Entre os Templários, as festas em honra do Espírito Santo assumiam grande importância. Segundo Paulo Alexandre Loução «na cerimónia de recepção aos novos Templários recitava-se a oração ao Espírito Santo e os familiares e confrades do Templo costumavam organizar banquetes fraternais.»[11] António Quadros acrescenta ainda que «no pensamento templário e cisterciense se apontava uma especial devoção ao Paráclito, perfilhando uma doutrina de feição joanina e apocalíptica, repensada por Santo Agostinho na *Cidade de Deus* e

[8] Otto Rahn, *Cruzada Contra o Graal*.
[9] Paulo Alexandre Loução, *A Alma Misteriosa de Portugal*.
[10] Otto Rahn, *Cruzada Contra o Graal*.
[11] Paulo Alexandre Loução, *Os Templários na Formação de Portugal*.

outros escritos.»[12] Segundo esta doutrina, o livro do Apocalipse deveria ser dividido em três partes distintas, abrangendo toda a história da Humanidade, na qual a terceira seria a Idade do Espírito Santo, igualmente conhecida por ser a do amor, da alegria e da liberdade. Parece-nos natural que hajam traços joaninos e apocalípticos na devoção ao Paráclito por parte da Ordem do Templo, mas não nos parece que tais traços sejam aqueles que melhor configuram e explicam o interesse dos Templários na terceira pessoa da Santíssima Trindade.

Segundo António Quadros, «As *Confrarias do Espírito Santo* deverão ter surgido nos finais do século XII ou princípios do século XIII, havendo testemunho da sua existência na Provença, na Suíça, em Aragão e em Portugal.»[13] Um dos objectivos destas Confrarias era o de juntar toda uma comunidade rural para partilhar uma ceia comum e distribuir alimentos, uma vez por ano, no Pentecostes. As Confrarias tinham as suas próprias casas para reuniões e guarda de oferendas, e capelas dedicadas ao Espírito Santo nas igrejas das várias localidades, tal como hoje ainda se verifica nas ilhas açorianas, e das quais há igualmente vestígios na região da Beira Baixa.

No entanto, nestas Confrarias não haviam quaisquer referências a Imperador, Império, Coroa, Coroação ou à pomba simbólica.

Em Portugal, em 1237, segundo José Leite de Vasconcelos, já existiria a confraria de Benavente, que organizava um bodo aos pobres no dia do Espírito Santo. Em 1296, Isabel de Aragão terá fundado, já com a designação de *Império*, a Confraria do Espírito Santo em Alenquer.

Em 1305, ou num dos anos subsequentes, ter-se-á começado o período decisivo das iniciativas de Santa Isabel e de D. Dinis, com as Coroações do Imperador do Espírito Santo. O primeiro Império do Espírito Santo por eles erigido, com as suas populares folias, terá tido o seu início na vila de Alenquer. O historiador da Rainha Santa Isabel, Fernam Corrêa de Lacerda assim se expressa acerca deste: «Depois de haver edificado em Alenquer uma Igreja ao Espírito Santo, no primeiro ano em que se fez a solenidade da coroação do Imperador, e com todo o luzimento, não só chamou a nobreza para tomar parte neste

---

[12] António Quadros, *Portugal, Razão e Mistério II*.
[13] António Quadros, *Portugal, Razão e Mistério II*.

Império, que ela tão piedosamente acabava de erigir, mas também convocou pessoas de diversas hierarquias... Tanto que o ornato da igreja esteve posto em sua perfeição, se disse nela, com assistência dos Reis e da Côrte, uma missa oficiada com toda a solenidade, e acabado o sacrossanto sacrifício, chamando os Reis, a nobreza mais qualificada e parte da boa gente da vila, e seus contornos, que tinham assistido àquele acto religioso, lhes encomendou aquela casa, o que eles tiveram por grande honra... e agradecidos às reais recomendações, porque os Reis, quando põem encargos com rogos, faziam mercês com os rogos, lhes responderam, que eles prometiam, que por serviço de Deus, e de *S.A.* tratariam da conservação daquela casa... Estimaram os Reis esta piedosa promessa na nobreza e do povo, em que o povo igualou a generosidade da nobreza... e erigiram uma *confraria* (a primeira) em louvor do Espírito Santo, a que fizeram liberais doações.»[14]

Por aqui vemos que na origem das Festas do Espírito Santo no continente português está a nobreza, de forma semelhante ao que veio a acontecer nos Açores. Há uma ligação profunda entre a nobreza e cavalaria, e o Pentecostes. Escreveu Guy Deleury que «O Pentecostes foi, nos séculos XII e XIII, a festa principal da cavalaria, e o mito do Graal a expressão da sua identidade espiritual. Nos romances arturianos, os cavaleiros consideravam-se como os eleitos, seleccionados em virtude do seu espírito cavalheiresco para serem os conquistadores e os guardiões do Graal, ou vaso misterioso, que continha o segredo da imortalidade.»[15]

Depois da criação em Portugal das Festas do Espírito Santo, outros reis europeus seguiram o exemplo português, como veio a suceder-se em França.

Em Portugal continental, salvo algumas excepções, o Culto do Espírito Santo foi muito intenso e durou quase sete séculos, em locais de implantação templária, como a região da Beira Baixa, Tomar e Sintra.

Em Nisa, povoação de forte presença tanto da Ordem do Templo como da Ordem de Cristo, encontramos uma festa do Espírito Santo

[14] Fernam Corrêa de Lacerda, *Hist. da Vida de Santa Izabel Rainha de Portugal.*
[15] Guy Deleury, *As Festas de Deus.*

totalmente laica que faz recordar as festas de índole masculina e com origem guerreira realizadas no Norte do país.

Nas margens do Zêzere, ainda no século XIX, realizavam-se Festas do Espírito Santo que consistiam numa folia, composta por três foliões, com violas e tambores, que acompanhavam a bandeira do Espírito Santo, improvisando cantigas.

Ainda em Tomar é realizada a Festa dos Tabuleiros, nas quais um grande número de raparigas, vestidas de branco, levam à cabeça vistosas construções feitas de canas, onde enfiam roscas de pão bento, entrelaçadas de flores e fitas. À frente vai o pensão do Espírito Santo, com a pomba simbólica, e o padre conduz as três coroas de prata da Santíssima Trindade. Vemos nestas festividades uma forte componente não cristã, ligada a rituais propiciatórios e de fertilidade, a exemplo das festas transmontanas de Santo Estêvão, em que o pão sacralizado e a coroa desempenham igualmente importantes papéis. É normal estabelecer-se uma relação entre ritos de fertilidade e as Festas do Espírito Santo, devido à própria natureza da terceira pessoa da Santíssima Trindade. Escreveu Mircea Eliade: «Logo que se pronunciam as palavras, o Espírito «Logo que se pronunciam as palavras, o Espírito Santo, descido dos Céus, pára sobre as águas que santifica pela sua fecundidade.»[16]

---

[16] Mircea Eliade *O Sagrado e o Profano*

O SENTIDO PROFUNDO DA IDENTIDADE
Alberto Buela[17]

Uma agradável coincidência produziu-se estes dias, quando logo depois de ter participado no México num congresso sobre as identidades recebemos uma das melhores e mais actuais revistas de pensamento como a francesa *Krisis*, que trata do tema da identidade. Isto leva-nos a voltar a escrever ou reescrever aquilo que vimos apoiando desde há anos para que, já não no âmbito reduzido de um congresso, mas sim num âmbito mais alargado, o ponhamos ao conhecimento de muitos.

Na realidade, a pergunta pela identidade tem de ser a pergunta pelas identidades. Assim, se do mundo não há uma única versão e visão, mas sim várias segundo as ecumenes culturais que o constituem, é lógico que estejamos obrigados a perguntar pelas identidades e não pela identidade. Aclarado isto, quando falamos de identidade, falamos de identidades. Isto é, que cada um a aplique à sua.

Não devemos procurar a identidade de homens e povos na repetição mecânica do idêntico. Esta radica na repetição ritual de modos, maneiras e costumes como fazem os centros tradicionalistas quando desfilam ou se vestem de camponeses (charros no México, gaúchos na Argentina, tiroleses em Itália ou bretões na França). Isso não é mau, mas está a limitar-se ao âmbito da repetição. A repetição tem muito de imitação, de má cópia. À repetição os latinos chamavam-na de *idem*, o igual, enquanto que a identidade devemos buscá-la no *ipse*, na busca de si mesmo. As identidades dos homens e dos povos não são algo pétreo, algo consolidado de uma vez para sempre, mas sim algo que se alcança, acede-se a elas através dos valores de geração em geração que formam parte de cada uma das suas tradições. As identidades são um tornar-se quotidiano.

O que é a tradição? Não é juntar coisas velhas mas sim a transmissão de valores, de coisas valiosas de uma geração à outra. O substancial é o que se transmite como valores, o acidental é a forma

---

[17] Arkegueta, eterno principiante.

ou maneira como esses valores se expressam.

A tradição funda-se em valores e vivências. Estas últimas são as experiências histórico-políticas de um povo ou de um indivíduo ao longo da sua vida, enquanto que os valores são, como dissemos, os actos ou produtos transformados em valiosos, porque neles se encarnou um valor. Assim a América Latina possui vivências que lhes são comuns como as suas lutas pela emancipação onde o anglo-americano é vivido como o inimigo e onde a liberdade é o seu ideal a alcançar ou o valor máximo a realizar.

Para entender a identidade temos de partir do *ipse*, do ser si mesmos. E como somos nós mesmos? Quando nos preferimos a nós próprios, quando não imitamos. Perón dizia: *"não sejamos um espelho opaco que imita e imita mal"*. A imitação é o que retiniu na *intelligentsia* cultural latino-americana que pensa assim: *vejamos o que está na moda, traduzi-mo-lo, apresenta-mo-lo, trazê-mo-lo e adopta-mo-lo.*

Este é o passo prévio: erradicar a imitação, o ser um espelho opaco, a má imitação. Preferir-se a si mesmo é dizer, vou preferir os valores que fazem a minha tradição cultural que se expressa bem numa língua, que é a língua que eu falo. A preferência de nós próprios nasce do acto primordial pelo qual nos privilegiamos aos outros. Isto não quer dizer que reneguemos o outro, em seguida vamos vê-lo, mas que o acto primordial do acesso à identidade é um acto de preferência, que como acto valorativo, prefere uns valores e adia outros.

Mas a identidade não se esgota na preferência de nós mesmos, esse é o primeiro passo de acesso a ela. Se bem que nós pensamos e nos preferimos formando parte de um ou outro ecumene cultural, desta ou daquela identidade, esse é um acto subjectivo que tem o valor da convicção pessoal, mas nada mais. É necessário então introduzir a categoria do reconhecimento, que só se alcança se "o outro" me reconhece como tal. Por isso os velhos crioulos nos ensinavam: *nunca digas que sois gaúcho, espera que os outros to digam.* O outro ou os outros jogam aqui, neste segundo momento, um papel fundamental pois é ele ou eles quem produzem o que a fenomenologia chama a verificação intersujectiva, pela qual sabemos que uma coisa é o que é, e não um simples produto dos nossos desejos ou da nossa imaginação. Contudo, dado que a preferência de si mesmo é o acto primordial na

busca do *ipse*, alguns autores despistados como André Lalande apoiaram que *"le principe d'identité déclare la superiorité du même sur l'autre"* quando na realidade o que estabelece o princípio de identidade através da preferência de si mesmo é a diferença, a distinção entre um e o outro, do si mesmo com outrém de si, e não a superioridade de um sobre o outro. Grande parte das taras da nossa sociedade radicam na não distinção entre igualdade e diferença. Os homens são iguais em dignidade mas naturalmente desiguais por estarem dotados de diferentes talentos e carácteres. Isto foi tratado pela filosofia desde sempre apelando à noção de analogia que foi definida como *parte idem, parte diversa*. Se pomos a tónica na igualdade caímos no igualitarismo que é uma de tantas construções ideológicas da modernidade e se pomos a tónica na desigualdade caímos no nominalismo tipo Ockam que nos leva ao erro do univocismo. Certamente que nós na vida prática política aproxima-mo-nos a remarcar as diferenças sobre a uniformidade de um mundo todo uno do pensamento politicamente correcto. O choque com a homogeneização do homem e da sua cultura não tem que fazer-nos cair na dissolução do homem e da sua cultura. Assim rejeitamos a definição da identidade como *"a de todos por igual"*, como a de que *"cada um faça e sinta o que quiser"*. Segundo a teologia nós homens somos iguais em dignidade enquanto filhos de Deus. Cristo veio redimir todos os homens, não a uns e a outros não. Esta igualdade de direitos não pode nem pode confundir-se com o igualitarismo promovido pela modernidade em geral e pela Revolução Francesa em particular. Nem atribuir a culpa do igualitarismo moderno ao cristianismo, porque isso é colocar o carro à frente dos bois.

Todo o homem é um *animal rationale*. A desigualdade dos homens dá-se, basicamente, nos seus actos e acções, nas suas escolhas e adiamentos, nos seus valores e desvalores. O mundo não é um universo mas sim um pluriverso onde convivem várias ecumenes culturais: a latino-americana, a anglo-saxónica, a eslava, etc. A desigualdade, ou melhor, as desigualdades culturais são a raíz da diferença, e esta diferença é o que nos faz ser "nós próprios", a que nos dá a identidade de ser e existir no mundo. Tanto a título individual ou como Nações, que como afirma o grande professor espanhol Dalmacio Negro Pavón são a melhor e a mais sã invenção política da

modernidade. Quando a querida Bolívia nos fala de um Estado plurinacional com 36 Nações (que não inclui os crioulos que são a maioria) produz uma falta de sentido, um desatino. As diferenças, do latim *differe*, ir por outro caminho, procuram a caracterização no seu ser, de qualquer coisa que seja. Enquanto que as distinções estão vinculadas com a separação, com a discriminação (perdão por semelhante palavrão) de uma coisa em relação a outra.

Quando nós afirmamos que hoje o grande inimigo das identidades é a proposta do *one World*, de um mundo uno com as suas ideias de homogeneização cultural sob um único modelo, o do deus capitalista do livre mercado, da sociedade de consumo que possui milhares de meios mas que tem confusos os fins, a do *homo oeconomicus dolaris*, o que estamos a fazer é dar-nos conta que na configuração das nossas diversas identidades tomou primazia a visão e versão "do outro", a da ecumene anglo-saxónica, com os EUA à cabeça. A verdade é que a identidade não é uma ideia complexa como apoiam alguns autores mas o que é complexo é o acesso a ela. Pois primeiro é a afirmação subjectiva do que somos, depois o enraizamento numa tradição nacional com a actualização de valores para finalmente procurar o reconhecimento do outro. E é neste último ponto que surge a verdadeira complexidade para o alcance de uma genuína identidade. Alguns autores quando chegam a este ponto caem na inocente atitude de falar de "construção dialógica da identidade", quando na realidade não existe tal diálogo, pois o diálogo autêntico só se dá entre amigos, isto é: *com o outro de si mesmo*. Porque só com o amigo se dá o tratamento de igualdade, Aristóteles *dixit*. Se procuramos a identidade no diálogo entre ecumenes diferentes o que alcançamos é colocar em marcha o mecanismo de dominação já assinalado por Hegel na dialéctica do amo e do escravo. A identidade nesta instância há que buscá-la na explicitação da relação dialéctica com o outro, evitando cair na colonização cultural, hoje entendida como americanização pelos europeus. Não podemos, filosoficamente falando, configurar a nossa identidade mais genuína em diálogo com os outros a não ser em tensão dialéctica com eles, de contrário seremos dominados e acabaremos por perder a nossa identidade.

NECESSIDADE DE UM ANTI-PARTIDO

Ernesto Milá

Depois da morte de Franco parecia que não havia forma de assentar uma democracia sem partidos políticos. Aceitava-se então de maneira quase unânime que a estrutura de um partido político era a forma mais directa e autêntica que tinha o cidadão para participar directamente na política. Desde então passaram quase quarenta anos, tempo suficiente para se ter comprovado até à saciedade que a representatividade dos partidos políticos é quase nula: os seus dirigentes representam-se a si mesmos, a mais ninguém. Os partidos já não são opções ideológicas ou programáticas, mas sim grupos de interesses particulares; nada mais. Nestas circunstâncias faz falta colocar a questão se os partidos são o canal mais adequado de participação democrática. E, sobretudo, apresentar alternativas. O anti-partido é uma delas.

Os partidos decepcionaram. Estão a decepcionar. Decepcionam cada dia mais. Mesmo os novos partidos decepcionam rapidamente (vimo-lo com Podemos e Ciudadanos, com ERC e com Sortu) na medida em que já não são opções ideológicas concretas, nem propostas para realizar reformas, mas estruturas que oscilam ao vento, segundo os gostos da população (de uma população cada vez mais apática, incapaz de interpretar e compreender a realidade em que vive e passiva). Tais "gostos" oscilam em função dos critérios implantados pelas empresas de comunicação que, por sua vez, respondem aos interesses dos grandes grupos mediáticos.

Se à falta de critérios doutrinais e programáticos que justifiquem a existência dos partidos políticos, se juntar o facto de que os seus deputados no parlamento têm uma invariável tendência a votar segundo os desejos do seu líder de grupo parlamentar e carecem, não só de rostos, mas também de personalidade e vontade própria, entender-se-á que o regime político espanhol seja uma *"democracia formal"*, que tem muito pouco que ver com a *"democracia real"*. Ou para expressá-lo com palavras do Prémio Nobel Alexandr Solzhenitsin, encontra-mo-nos imersos num sistema *"no qual se pode dizer tudo, mas não serve para nada"*.

A Última
Cultura
Finis
Mundi

Partidos políticos: a crónica de uma crise anunciada

A crise dos partidos políticos começou quando renunciaram a ter esquemas doutrinários próprios e perfeitamente definidos, a partir dos quais o programa político emanava quase de maneira automática. Em lugar disso, converteram os seus programas numa espécie de inventário oportunista de boas intenções que derivavam dos inquéritos formulados aos cidadãos e não de uma particular visão do mundo e da política que partilham todos os membros dessa formação política.

Posto que não havia uma definição ideológica comum, a única coisa que unia os membros de um partido político eram os interesses comuns, interesses, sempre, espúrios, se não mesmo facciosos. Foi assim que os partidos se converteram em grupos de interesse particulares e deixaram de ser plataformas de doutrinas políticas. Não se tratava de conquistar o poder para introduzir mudanças e reformas na marcha da sociedade, mas sim de controlar os recursos do poder para satisfazer ambições pessoais ou de grupo. O programa ficava, a partir de então, como uma espécie de documento que estava ali por puro acaso e que ninguém tinha a mais pequena intenção de levar a cabo.

Parlamento: uma selecção ao contrário

Em tal contexto, nas cúpulas dos partidos era evidente que se ia realizar uma selecção ao contrário: os mais honestos, aqueles que acreditavam numa determinada doutrina e em gerir a sociedade com uns princípios concretos, foram-se retirando da actividade política, deixando o posto aos ambiciosos e oportunistas sem escrúpulos, aos egomaníacos e psicopatas, aos simples brincalhões ou aos pobres estremunhados...

Hoje, no parlamento espanhol restam poucas pessoas eficientes e capazes, muitas menos ainda com experiência em gestão para além do cargo político e uma aglomeração de deputados composta por todo o tipo de corruptos, imputados ou imputáveis com interesse em corromper-se no prazo mais curto possível se isso implicar uma promoção pessoal e benefícios que, de outra maneira, não conseguiriam a trabalhar com constância e honestidade.

Na sua imensa maioria, os profissionais brilhantes, os gestores eficientes, os indivíduos com experiência, desertaram da política e

A Última
Cultura
Finis
Mundi

dedicam-se aos negócios privados e, desde logo, não querem saber para nada de umas instituições nas quais deveriam engolir sapos, renunciar à sua personalidade, não poder olhar os eleitores nos olhos sem que lhes caia a cara de vergonha pelas mentiras eleitorais e pelas promessas sistematicamente não cumpridas ou, simplesmente viver digna e honestamente. Dignidade e honestidade não são, na Espanha de hoje, termos compatíveis com o parlamentarismo nem com as instituições.

Uma democracia tão "formal" como viciada

Se os partidos só representam as suas equipas dirigentes e se estas, por sua vez, comem da mão dos grandes consórcios financeiros, então a democracia está viciada à partida e depositar um voto uma vez a cada quatro anos é uma mera formalidade que não mudará nada: sejam eleitos uns ou outros, a *plutocracia* (o poder do dinheiro) imporá as suas normas sem distinção de siglas.

Os partidos fracassaram porque a modernidade impôs o *pensamento único* e o *culto do politicamente correcto*. Difundidas através dos grandes meios de comunicação de massas, estas formas de ver o mundo, repercutem directamente na opinião pública que se configura como um grande conglomerado carente por completo de espírito crítico, dócil, e levado de uma opinião a outra com a mansidão com que as ovelhas vão para o matadouro. O eleitor ideal para um partido político é aquele que acredita nas promessas eleitorais e se desentende do dia a dia da política.

Agora, existe alguma forma de reformar um sistema assim concebido?

Da "democracia formal" à "democracia real"

Em primeiro lugar, digamos, que existem outros modelos e que estes são ainda mais necessários na medida em que o nome que corresponde a esta "democracia formal" é *partidocracia* e a *partidocracia* fracassou. Se a "democracia formal" é hoje sinónimo de *partidocracia*, a democracia "real" deverá ter, indubitavelmente, outra formulação.

Costuma chamar-se à "democracia formal" e ao sistema parlamentar de *"inorgânico"* na medida em que a representação se

realiza através de estruturas artificiais (os partidos políticos). Face a este conceito de democracia limitada ao mero exercício das liberdades públicas, mas que no qual o cidadão tem vedado o controlo e a supervisão do exercício do poder que realizam os partidos, existe uma *"democracia orgânica"* que, mantendo o sistema de liberdades e direitos públicos, concebe a representatividade através de "estruturas naturais": *o município e a profissão especialmente.*

Tal como no parlamento actual é composto unicamente por representantes dos partidos políticos, num parlamento "orgânico" *sentar-se-iam nas bancadas os representantes da sociedade.* Quem pode entender melhor os problemas da educação do que os representantes dos sindicatos de professores e mestres? Quem pode entender melhor os problemas da investigação científica senão os próprios cientistas? Quem poderá expressar mais directamente as necessidades da indústria, do comércio ou da hotelaria, senão os representantes das associações deste sector? E os interesses dos jovens ou das Forças Armadas ou da Igreja? Defendê-los-ão melhor representantes dos partidos ou dessas mesmas instituições e grupos sociais?

Na "segunda descentralização" que alguns de nós defendemos (e que deveria substituir a "primeira descentralização" fracassada e frustrada que deu lugar ao *Estado das Autonomias,* ao seu faraonismo, e às suas tensões, corrupções e mesquinhezes) os municípios também deveriam estar representados no parlamento da Nação (ou no senado).

Assim pois, *a alternativa à partidocracia é um modelo de organização no qual se coloquem limites ao poder dos partidos e que, acima de tudo, não sejam o único canal através do qual se expressa a "vontade nacional".* Esta será a soma das vontades dos distintos organismos e estruturas que compõem o corpo da Nação. Poderiam desaparecer os partidos políticos e nada essencial se perderia. Não poderia, por outro lado, desaparecer a universidade, as forças armadas, as câmaras municipais, o comércio, etc, sem que se produzisse uma catástrofe nacional. Portanto é a partir destes corpos intermédios da sociedade que há que remodelar a participação política e a representatividade.

A Última
Cultura
Finis
Mundi

Dos partidos ao anti-partido

A lógica implica que o trânsito da "democracia inorgânica" à "democracia orgânica" deve passar por uma série de etapas, a primeira das quais é *ir retirando poder aos partidos políticos e introduzindo a representação "orgânica" em determinadas instituições* (o senado, por exemplo, deveria ser uma câmara de representação da sociedade através das suas estruturas profissionais e municipais, com capacidade de veto sobre as decisões do parlamento. Uma espécie de "Câmara Alta" da qual dependa, em última instância, as políticas a adoptar pelo executivo, enquanto que o Parlamento é apenas uma câmara de preparação de leis e uma primeira instância de controlo do governo).

É fundamental, por exemplo, que os partidos políticos desapareçam das instituições: do Conselho de Rádio Televisão e dos conselhos regionais equivalentes, das Caixas de Aforro e de qualquer organismo económico. *Há que redimensionar os partidos políticos ao seu papel real na sociedade*. O número de filiados dos partidos políticos é minúsculo e isso indica, de modo claro, o desinteresse que a população experimenta por eles. Não podem, portanto, arrogar-se os 100% de representatividade de uma sociedade que está de costas para todos eles.

A grande contradição do momento actual está em que para reformar o sistema político faz falta um partido político que assuma e defenda esta proposta diante da sociedade. Até agora, todos os partidos políticos que irromperam no espectro espanhol com propostas de reforma, quando adquiriram uma massa crítica acabaram por renunciar a tais reformas, "centrando-se", isto é, desnaturalizando-se e assumindo o "politicamente correcto" e o "pensamento único". Portanto, *não é um partido aquilo de que se necessita para mudar a configuração da representação, mas sim um anti-partido que comece a negar o poder omnívoro dos partidos*.

Um anti-partido, em definitivo, para *pendurar* os partidos políticos. Um anti-partido para reformar a sociedade. Um anti-partido para realizar o trânsito da "democracia formal" à "democracia real", da "democracia inorgânica" à "democracia orgânica". Objectivo longínquo, quase remoto, mas não por isso objectivo menos necessário.

ENTRE A NEVE
(A Anselmo de Andrade)
Eça de Queiroz

O lenhador, pela madrugada, ergueu-se da enxerga e acendeu a candeia.

Junto da lareira, engelhado de frio, cavado de magreza, dormia um rapaz enrodilhado nos farrapos de uma manta. O pobre lenhador desfalecia de febre; até ao anoitecer da véspera andara pelo negro mato, e depois nem teve um magro caldo junto das sonolências da lareira.

Iam grandes neves pelos montes, e o triste tinha filhos pequenos, que à noite, quando rezavam, todos arrepiados e magros, em redor da mãe, sufocavam no choro da fome: por isso, àquelas horas, por entre os nevoeiros moles, ele ia pelos montes, pelas colinas, pelos pinheirais, rachar, cortar e desramar, a ásperos ventos, na grande neve silenciosa.

O rapaz dormia com os pés inteiriçados e todos brancos da lama seca; tinha os grandes cabelos espalhados, e branco tinha o peito. A um canto, sobre esteiras bolorentas, cobertas com o saiote da mãe, as duas crianças dormiam com os cotovelos arroxeados — dissolvidas no sono do frio e da fome. O lenhador tirou a jaleca que levava (para os montes, embrulhou-lhe os pés regelados, e com a candeia foi debruçar-se sobre a enxerga onde dormia a mulher: ela tinha o corpo colado ao fraco calor da enxerga como a um seio amado, os braços caídos e frouxos como os de uma mulher estéril: os seus cabelos negros espalhavam-se tristemente pela enxerga como um luto; e a manta esburacada modelava a forma casta e fecunda dos seus peitos.

Então o lenhador tomou o machado negro e o feixe rijo das cordas, cobriu-se com o capuz de saragoça e foi-se lento, esfomeado e esquelético, pelos grandes caminhos duros, lívidos e cobertos de neve.

O seu casebre ficava perdido ao pé dos montes, longe dos povoados, entre umas poucas de árvores que erguiam para o ar os seus braços negros, descarnados, nus e suplicantes.

Ali vivia aquela família transida dos frios, emagrecida das fomes, diante da neve e dos in- vernos, com os peitos cheios da religião do sol, das searas e das fecundidades sonoras e alumiadas — como coisas

flamejantes e divinas, que estão tão longe como Deus, inacessíveis, na poeira da luz, entre os paraísos. O pai ia todos os dias para os grandes montes lidar entre a ramaria: a mulher, em casa, cosia os farrapos ao pé da lareira sem lume, e ao anoitecer, ia para junto da porta desconjuntada dos ventos, gretada dos frios, ver se, pelos atalhos enevoados, via chegar o marido, lento, curvado sob os grandes feixes de lenha.

O lenhador caminhava para as bandas dos montes.

A neve caía, levemente. A alma aconchegava-se dentro do corpo — como num vestido santo, amedrontada pela dureza sobrenatural das coisas. Porque toda aquela natureza tinha estranhas barbaridades.

A manhã vinha escura, lenta e lacrimosa, como uma viúva à hora dos enterros: e à pouca luz ténue, os pedaços de gelo, pendurados dos cardos e das urzes, tinham o aspecto de farrapos de mortalhas: sobre as árvores imóveis, os pássaros, quietos e mudos, eriçavam as plumagens aos ventos cortantes.

O lenhador caminhava sempre, rasgando-se nas silvas, orvalhado dos pingos das árvores, pálido e sereno.

Ia lento. Pensava nos lavradores, que àquelas horas, nas terras quentes, saem, assobiando sob a noite religiosa e alumiada, entre as ervas altas, ao resplandecimento fecundo dos orvalhos, guiando pelos sulcos, enquanto as andorinhas gritam alegres e gloriosas, os bois fortes, lentos e bons. Ele tinha a mulher e os filhos esfomeados no casebre; desfazia-se em suores e em cansaços, e nem sempre aquelas faces amadas se enchiam das cores da vida. Era o frio, era a fome; nem uma manta nova, nem uma pouca de lã! O bom Deus, lá em cima, parece que está tão bem agasalhado ao calor dos seus paraísos e das suas estrelas, que se não lembra da pobre gente dos campos e dos montes que se arrepia de frio. E havia gente que via sempre os filhos bem quentes e bem corados!

Assim pensava o triste, caminhando, pesada, molhado e todo cheio de coisas dolorosas e mórbidas. A neve vinha descendo como um imenso desprendimento de lãs.

E ele pensava que podia ser um abastado dos campos, e ver à noite, em volta da sua lareira flamejante e serena, toda a multidão dura dos ceifadores e dos semeadores, entre os bons risos, em redor da grande tigela de caldo, ao estalido das castanhas, na atitude dos bons e dos

simples.

A neve ia caindo direita e vaga: e ouvia-se o rumor — indefinido como de um mar, laborioso como de uma colmeia — das multidões doentias dos pinheiros.

O pobre lenhador olhava em redor as grandes neves extensas, enoveladas nas pedras, esfar-rapadas pelos cardos; e às vezes um corvo, passando silencioso e nocturno, vinha bater o ar em redor dele com uma selvagem palpitação de asas.

Começava a espalhar-se o dia. Ele sentia-se só entre aquela natureza inimiga e bárbara; e por vezes o braço, enfraquecido da febre, vergava sob o machado e as cordas húmidas.

Ele ia entrando pelo pinheiral, indolente. O pinheiral era cerrado, e a noite continuava ainda no encruzamento das ramagens lívidas. A neve, que caía sobre os ramos, desfazia-se em orvalhos ao calor da seiva.

As árvores estavam como tomadas de um susto religioso.

Quando saiu do pinheiral, em caminho para os montes, lembrou-lhe quando ia para as escamisadas numa aldeia do sul, e sob a luz apaixonada e melódica das constelações, cantava à viola junto duma doce rapariga de testa santa e de cabelos cor de amora; e ele, o perdido, amolecia o olhar a passeá-lo, pela abertura do lenço, sobre a brancura do colo dela!

Hoje, àquelas horas, pensava ele, aquela pobre mulher gemia na sua alma, vendo os filhos, sem um bocado de pão, andarem pelo casebre húmido, rotos, dependurando-se-lhe das saias, gemendo: mãe! mãe! E os olhos do desgraçado tremiam-lhe nas águas do choro.

O lenhador apertou o machado e entrou na floresta.

Os velhos carvalhos violentos e proféticos, os choupos desfalecidos, os castanheiros ruidosos, os olmos gigantescos, as ramagens e os silvados eriçados onde o vento brada aflito, todas aquelas verduras vivas e sãs que cantam ao sol, no empoeiramento da luz crua — toda aquela sombria Diana esguedelhada, que se chama a floresta, dormia sob as opressões da neve, triste, silen- ciosa, estóica e soberba.

O lenhador, com o machado erguido, ia por entre a floresta; ele conhecia aquelas estranhas atitudes, aqueles escarpamentos de neve, as faces pensadoras dos rochedos, todo o emaranhamento de ramos,

87

de folhas, donde caem gotas como um eco de chuvas passadas: e todavia, ao endireitar-se contra um velho carvalho, empalideceu, como diante de uma profanação.

O seu coração simples e bom não compreendia, mas sentia aquelas vidas imóveis, silenciosas e sonoras, que são árvores, ramagens, arbustos, florescências; ele tinha compaixão dos gemidos dos troncos, das cascas esmigalhadas, das fibras dilaceradas, e sentia que sacrificava ali, à fome dos filhos, vidas infinitas de árvores.

O lenhador atirou o machado contra o tronco do carvalho — e toda a árvore imensa ficou tomada de vibrações dolorosas: e as suas ramagens estenderam-se caídas, sem vida e sem força, pelo tronco, como para se verem morrer sem gemidos, num silêncio soberbo e selvagem.

O Sol veio lívido, mole, desfalecido, sem força, sem vitalidade, sem ascensão flamejante e sagrada, entre névoas arrastadas, entre esvaecimentos lúgubres de nuvens. Começavam a esvoaçar os pássaros, piando tristemente.

E o lenhador, com o peito arqueado, os cabelos desmanchados, vermelho, feroz, com o machado erguido nas mãos, com trágicos encarniçamentos lutava contra os troncos, contra os ramos, contra as raízes, contra as duras cortiças e os filamentos tenazes; e enchia o chão de ramagens negras, de braços mortos de árvores, caídas e inertes como armaduras vencidas.

Aquelas árvores que tanto tempo levaram a formar-se, e a enrijar, e a acostumar-se aos ventos tumultuosos, e a saber agarrar as clinas da chuva, e a enlaçar as moles nudezas das névoas e dos vapores, aquelas árvores cheias das mordeduras de Novembro, cheias de legenda e do cheiro das tormentas, encolhiam os ramos num estremecimento medroso, quando o machado reluzia lugubremente no ar.

Ele tinha a camisa solta e esfarrapada: os socos faziam covas na neve: e, esfomeado, terrível ia a grandes passos pela floresta, rasgando os silvados, esmigalhando as raízes, envolto em estilhas, em fibras partidas, com gestos trágicos, afastando com o machado o voo dos corvos; e, todo cheio do amor dos filhos, torturava as árvores, com golpes flamejantes, gritando-lhes: covardes!

Assim lidou sob a neve, e o vento, e a chuva, e a humidade, e as névoas, e a febre, e a dor, até ao anoitecer.

Tinha já um monte de ramagens e de lenhas: enfeixou-as nas cordas, duras como os seus braços : -encravou no meio o machado : o feixe enorme estava encostado a um monte de neve: as duas pontas da corda por onde ele o havia de erguer, pendiam negras e húmidas: então curvou-se todo para tomar o feixe sobre as costas largas: mas, quando o ia a erguer, lento e cansado, sentiu os músculos afrouxarem, as mãos esfriarem, subiu-lhe um desfalecimento, e caiu, com os cabelos suados e colados à testa; e os seus dedos inteiriçados esburacaram a neve.

Assim esteve perdido na moleza do esvaecimento, até que abriu os olhos vagarosos, e ficou-se encostado ao feixe, silencioso e cheio de tremuras.

Vinha-se derramando a noite, desciam as neblinas: todo o ar estava tomado de uma palidez opaca e severa : caía uma chuva vaporizada : todo o chão estava pesado de neve.

Ao pé do lenhador estava estendido um grande tronco engelhado, morto, sem raízes, sem ramagem, sem seiva: por um lado começava a desfazê-lo a podridão.

Em redor erguiam-se as multidões de árvores cobertas de neve, adelgaçadas entre as transpa- rências do nevoeiro, tristes e nocturnas como monges brancos.

Ao fundo abria-se uma clareira, que deixava ver ao longe a grande luz, que se ia, serena e tímida.

O lenhador, com o pescoço nu, o peito dolorido e ensopado, agarrou as cordas do feixe e, enrijando os músculos, com a face congestionada, as fontes inchadas, as grandes veias saídas como cordagens, e as pernas hirtas, violentou o corpo para se erguer. Mas caiu sobre a neve, amolecido, sufocado, e coberto das friezas húmidas da febre.

Então ficou-se a olhar o tronco esfolhado, nu, coberto de neve, e a pensar que o seu corpo ia ali finar-se e dissipar-se entre as podridões dos troncos.

E toda a sua carne foi tomada por uma vibração terrível. Tinham-lhe lembrado os filhos e a mulher, e o pobre pastor que lhe sacudia, quando ele entrava, a neve dos cabelos e as silvas da jaleca.

A neve caía triste. Àquelas horas ela esperava, junto da porta, a ver

se o via ao longe chegar, curvado debaixo dos seus feixes, pelos caminhos brancos de neve.

Ela estaria com uma mão apoiada à umbreira, e com a outra agasalhando as crianças nas dobras da saia, contra os frios da noite.

E ele estava ali só, esmagado, sob a neve implacável !

E quando o não vissem vir?! E ele procurava na memória se já alguma vez teria ficado de noite pelos montes. Nunca.

Se o não vissem chegar, iriam todos, chorando e bradando, com a candeia acobertada do vento, procurá-lo pelas urzes sinistras.

Às vezes tomava-o o desvairamento, e via grandes figuras de sombra subirem pelos tron-cos, como um fumo terrível; e sempre aquele enovelamento de semelhanças humanas subia, até se perder nas transparências lívidas do ar.

A neve caía como escorrida das nuvens.

E ele pensava, triste, que a mulher e os filhos saberiam a sua morte na neve, sob o encruzamento irado das folhagens, e todas as mordeduras da ventania, silencioso e solitário como um lobo!

Então aquele corpo, pisado, roxo, tiritando entre as roupas molhadas, dissolvido nas molezas da névoa, inteiriçou-se ; com os olhos flamejantes, os dentes irados, tomado de risos, esfarrapado dos cardos, endireitou-se, e, sufocado, esguedelhado, hirto, lívido, deu um grito na noite.

Houve um levantamento assustado de pássaros por toda a ramagem escura. E veio um vento e levou, nas suas espirais violentas, um novelamento de folhas. E toda a luz do dia se sumiu na clareira. Não havia ninguém pelo monte. Estava só. Só! Nem pastores, nem vaqueiros, nem caminheiros perdidos. Só! E iam-se os pássaros, iam-se as folhas, ia-se a luz. Ele ficava só.

Então, vendo em redor a floresta solitária e negra, a amontoação crescente das sombras, o esvaecimento lívido dos últimos ramos, as atitudes tenebrosas, as corcovas nocturnas das raízes, sentindo ao longe o uivo dos lobos e por cima da cabeça o esvoaçar dos corvos, estirou-se de bru- ços e bradou, na noite, sob a neve e o ruído dos ramos : — Jesus !

E toda a floresta ficou silenciosa, indiferente, soberba; os corvos voaram gritando; ele caiu, fraco, desalentado, roto, agonizante, macerado; e de cima o grande céu, o céu justo, o céu sereno, o céu

sagrado, o céu consolador cuspia neve sobre aquela carne miserável.

E ficou inerte. A neve caía desfeita e branca. Estava estirado... Via por cima a grande imobi- lidade da floresta, os nevoeiros, que deixavam cair farrapos que lhe vinham roçar o rosto, e a sombra espectral do feixe de lenha.

Ele sentia o corpo entorpecido pelo frio, e na testa e nos olhos abrasamentos mordentes: e parecia-lhe que lhe mordia as costas uma chaga imensa, que tivesse horríveis ardores ao contacto da neve, sob o peso do corpo.

Às vezes soluçava. E, quando assim estava, viu grandes sombras que lhe esvoaçavam sobre a cabeça e fugiam bradando aflitas, com um terrível ruído de asas, esbranquiçadas da neve, apavoradas e ferozes.

Eram os corvos. Tremeu todo. Ele entrevia-os já, quando eles viessem pousar-lhe sobre o peito, e curvados, batendo as asas, meio suspensos, enterrar-lhe os bicos negros na pobre carne.

Então moveu dolorosamente o braço entorpecido e apalpou em redor: encontrou um ramo solto, negro, espinhoso: lançou-o contra as sombras negras dos corvos; mas ele tinha a mão quase inanimada pelo frio, e o ramo, debilmente arremessado, veio-lhe cair sobre a face, e rasgou-lhe a carne com os espinhos. Já, porém, as mãos inertes não tiveram força para o tirar.

E pôs-se a chorar. Os corvos voavam terríveis: ele enterrava o pé na neve e atirava-a para o ar, como para os apedrejar. Os corvos desciam.

A neve caía e já lhe cobria as pernas hirtas. Ele então, vendo a floresta que o ensopava de água, o chão que lhe coalhava a vida, o vento que o transia, a neve que o enterrava, os corvos que vinham comê-lo, todas as hostilidades selvagens das coisas, encheu-se de cóleras, e, silencioso, feroz, com os olhos luzentes na noite, deitou rijamente a cabeça sobre o feixe — e pôs-se a morrer.

Então veio repentinamente um vento tumultuoso: e pareceu ao pobre lenhador sentir, na-quele vento, o som de um choro e uma voz bradando aflita.

O vento redobrou de fúria: dispersou os corvos: eles balançavam-se nas asas entre os redemoinhos do sopro feroz.

A neve caía: e os braços do lenhador já estavam cobertos, e todo o

peito estava coberto. Os corvos fugiam: e todo o bando aparecia como uma sombra indecisa e pesada.

A neve caía. E estava coberta a garganta do homem, e estava coberta a boca.

Os corvos iam-se sumindo nas transparências da noite...

A neve caía, contínua, silenciosa. A testa do pobre estava coberta, e apenas se moviam ainda, lentamente, ao vento, os seus grandes cabelos escuros.

A neve riscava a noite de branco. Ao longe uivavam os lobos.

E a neve descia. As sombras dos corvos sumiram-se para além das ramas negras.

Os cabelos desapareceram. Só ficou a neve!

1914-1918: COMO A EUROPA PERDEU A GUERRA
Alain de Benoist

Já foi frequentemente apresentada a Primeira Guerra mundial como uma grande guerra civil europeia. Também já foi apresentada como marcando o verdadeiro princípio do século XX – um "século curto" (Eric Hobsbawm) que acabou em 1989 com a queda do Muro de Berlim e o afundamento do sistema soviético. Estas duas opiniões são justas. Mas o que é mais fascinante ainda, é que este conflito mundial determinou toda a evolução do século XX. Na Rússia, a guerra permitiu aos bolcheviques chegar ao poder. Na Alemanha, o nacional-socialismo, também ele filho da guerra, alimentar-se-á ao mesmo tempo da ameaça soviética e da humilhação imposta aos alemães pelo tratado de Versalhes. Fora da Europa, o advento do princípio das nacionalidades resultou na descolonização. E nós ainda não terminámos hoje em dia de perceber as consequências destes fenómenos.

Numa Europa que tinha estado praticamente em paz desde 1871, o deflagrar do conflito, em Agosto de 1914, foi acolhido em todos os países por cenas de júbilo e de entusiasmo. Inumeráveis eram então aqueles que esperavam da guerra, que eles pensavam ser de curta duração, o advento de uma nova era, o nascimento de um homem novo ou regenerado. O grande sociólogo Max Weber declarou nesse momento que, qualquer que fosse o resultado, "esta guerra é grande e maravilhosa". Na Áustria, Robert Musil fez-lhe eco exclamando: "Que a guerra é bela e fraternal!", e Stefan Zweig ele próprio disse-se transfigurado de emoção. Raros são aqueles que, tal como Oswald Spengler anunciam ao invés o "declínio do Ocidente" ou que, como o escritor francês Romain Rolland, Prémio Nobel da literatura em 1915, prevê desde a abertura das hostilidades que esta "guerra europeia" será "a maior catástrofe da história desde há séculos" - ou ainda quem, como o escritor inglês David Herbert Lawrence, interpretou-a como uma catástrofe ameaçando acabar com uma civilização que cai já aos bocados.

Quatro anos mais tarde, apercebe-mo-nos que pelo contrário a Grande Guerra de facto marcou o naufrágio da civilização moderna, ao mesmo tempo que colocava um fim às certezas sobre as quais os europeus tinham fundado a sua visão da vida e da história do mundo. A fé optimista no progresso afundou-se com as descrições do inferno das trincheiras e das destruições devidas às novas tecnologias. O "espírito de 1914" não é mais do que uma recordação. Fala-se agora de "fúria bestial", de "carnificina inútil", de "fim de um mundo", de aniquilação do indivíduo pela "máquina de guerra". As obras literárias como o romance *Ulisses* do irlandês James Joyce, *Os últimos dias da humanidade* do austríaco Karl Kraus, os poemas d' *A Terra vã* do americano Thomas Stearns Eliot, para citar apenas algumas, são também testemunhos deste novo estado de espírito.

À questão "Quem perdeu esta guerra?", a resposta mais corrente é também a mais simples: a Primeira Guerra mundial foi perdida pelos impérios centrais, e foram as potências aliadas que saíram vencedoras. Mas quando olhamos de mais perto, apercebe-mo-nos que a realidade é mais complexa. De uma certa maneira, com efeito, foi toda a Europa que saiu perdedora deste gigantesco conflito mundial.

Perda de substância humana, para começar. A guerra, que dura cinquenta e um meses, representou para os povos europeus uma sangria quase sem precedentes. Em 1918, quase dez milhões de soldados (dos quais 1,3 milhões de franceses, dois milhões de alemães, 1,2 milhões de habitantes da Áustria-Hungria) estão mortos em combate, o que corresponde a uma média de 6400 mortos por dia. Se juntarmos dezanove milhões de feridos, dez milhões de mutilados, oito milhões de mortos civis, cinco milhões de viúvas, nove milhões de órfãos... Só na frente Oeste, entre 1914 e 1918, são cerca de 900 franceses e 1300 alemães que são mortos todos os dias sem modificar, geralmente, mais do que alguns metros ou centenas de metros a linha da frente entre os dois exércitos. No *chemin des Dames* a ofensiva do general Nivelle fez 281000 mortos, feridos e desaparecidos em pouco mais de um mês. Em Craonnne, 30 000 franceses morreram em dez dias. Durante a batalha de Verdun, de Fevereiro a Dezembro de 1916, 362 000 franceses e 337 000 alemães foram mortos. No decorrer da batalha do Somme, 200 000 franceses 450 000 alemães e 420 000 ingleses encontraram a morte, enquanto que a linha da frente

permaneceu sensivelmente inalterada. No final das hostilidades, calculou-se que se os mortos da guerra, alinhados em filas de quatro, tivessem podido desfilar à cadência de um batalhão, o seu cortejo passaria sem interrupção durante 81 dias e 81 noites! Ao longo dos séculos, a Europa nunca tinha conhecido um conflito assim mortal num período de tempo assim tão curto.

A esta perda humana juntam-se ainda outras: perda de um modelo de beligerância, ligado ao *Jus publicum europaeum*, perda de influência da Europa sob o ponto de vista da geopolítica mundial, perda de um modelo político particular, o modelo do Império.

A Primeira Guerra mundial tinha começado como uma guerra tradicional. Acabará como uma guerra transformada pelas novas técnicas e como uma guerra ideológica comparável às antigas guerras religiosas às quais o Tratado de Vestefália tinha permitido pôr um fim.

Foi em primeiro lugar uma guerra "industrial". A indústria da guerra fabricou novas armas de destruição massiva: metralhadoras, artilharia pesada, gases asfixiantes. Novas máquinas fizeram a sua aparição, com os submarinos, os blindados e os aviões. O reconhecimento aéreo permitiu cartografar as linhas inimigas e ajustar os tiros de artilharia com mais precisão (cerca de 70% das perdas humanas registadas no decorrer da guerra foram causadas por obuses). No seu *Tempestades de Aço*, Ernst Jünger falará de uma guerra transformada pela técnica, de uma "guerra de meios mecanizados". A partir de 1916, já não é com efeito a vontade humana que governa a guerra, mas a própria guerra que sujeita o homem a uma gigantesca e anónima tecnologia da morte. Assim como a modernidade industrial, a modernidade tecnológica degrada o homem abaixando-o ao nível de instrumento da máquina.

A Grande Guerra, por outro lado, transforma-se rapidamente numa *"Glaubenskrieg"* (Werner Sombart), quer dizer uma guerra ideológica e religiosa opondo culturas, modelos de civilização e concepções do mundo opostas.

A ideia directora do tratado de Versalhes, assinado em 28 de Junho de 1919, repousa sobre uma noção então de facto nova: o princípio da culpabilidade da Alemanha e da Áustria-Hungria, princípio que permite aos vencedores impôr aos vencidos sanções e reparações por causa mesmo da sua responsabilidade no deflagrar do conflito ou na

condução da guerra. É noutros termos o fim da guerra tradicional, nascida do Tratado de Vestefália, que foi uma guerra com "*justus hostis*", quer dizer uma guerra onde se admitia que o inimigo que se combatia podia ter as suas razões, e o regresso à guerra "justa" - a guerra com "*justa causa*" da Idade Média -, onde o inimigo é necessariamente representado como a incarnação do Mal. Nesta óptica, a guerra não opôs apenas as potências aliadas aos impérios centrais, ela foi a "guerra do direito e da civilização contra a barbárie". Dantes, o inimigo de ontem poderia transformar-se no aliado de amanhã. É doravante impossível: o inimigo é considerado como um culpado, um criminoso, que não deve ser unicamente vencido, mas igualmente sancionado e punido. O artigo 212º do tratado de Versalhes previa até trazer perante a justiça o imperador Guilherme II e um certo número de outros dirigentes alemães. É esta mesma concepção da guerra que prevaleceu no término da Segunda Guerra mundial, e que prevalece ainda hoje naquelas guerras que se apresentam regularmente como "guerras humanitárias" - quer dizer como guerras travadas em nome da humanidade – ou como "operações de polícia internacionais".

Sigmund Freud foi um dos primeiros a notar que a guerra de 1914-1918 não teve em conta "nenhuma das limitações às quais nos vemos compelidos em tempos de paz e que formam aquilo que se chama o direito das Nações", sublinhando em particular que ela não fez "nenhuma distinção entre a parte combatente e a parte não combatente da população". É por outro lado nesta época, significativamente, que se inventa a expressão "guerra total". Depois de Freud, o jurista alemão Carl Schmitt sublinhará também os traços característicos desta nova forma de guerra que tende a apagar todas as distinções tradicionais entre combatentes e não-combatentes, os militares e os civis, a rectaguarda e a frente, e finalmente mesmo entre o estado de guerra e o estado de paz.

Se a Alemanha foi, no final da guerra, severamente castigada, ela conserva apesar de tudo, no essencial, a sua unidade política e económica. A Áustria-Hungria, foi feita em pedaços e a Hungria retalhada. Na véspera do conflito, o império austro-húngaro era ainda uma potência económica e política europeia de primeiro plano. A Hungria compreendia 20 milhões de habitantes repartidos sobre mais

de 325 000 km2. O império austro-húngaro foi oficialmente dissolvido em 11 de Novembro de 1918. Após o tratado de Saint-Germain-en-Laye, assinado em 10 de Setembro de 1919, o tratado de Trianon, assinado em 4 de Junho de 1920, teve para a Hungria consequências desastrosas. Enquanto que a Áustria foi constrangida a deixar a Galicia à Polónia, a Boémia, a Morávia e a Silésia à Checoslováquia, Trento e a Ìstria à Itália, a Bucovina à Roménia, a Eslovénia, a Herzegovina e a Dalmácia à Jugoslávia, a Hungria teve de ceder a Croácia à Jugoslávia, a Transilvânia à Roménia, a Eslováquia e a Ruténia subcarpática à Checoslováquia. Dos 325 411 km2 qua a compunham antes da guerra, 232 000 foram distribuídos: à Áustria (4000 km2), à Roménia (102 000 km2), à Sérvia (63 000 km2), bem como à Boémia. Depois do tratado de Trianon ela não contava com mais de 92 962 km2. Perdia assim sem compensação 58% da sua rede ferroviária, 43% das suas terras cultiváveis, e 83% dos seus recursos em minério de ferro. Igualmente ferida por pesadas sanções financeiras, ela via-se assim privada da sua saída marítima pela Croácia.

Estas cedências terriroriais permitiram a criação de dois novos Estados perfeitamente artificiais – a sucessão de acontecimentos até aos nossos dias demonstrá-lo-á amplamente -, a Checoslováquia e a Jugoslávia – dois Estados que, com a Roménia, associar-se-ão à França em 1921. Paralelamente, sabê-mo-lo, a saída do império otomano foi arranjada com o tratado de Sèvres de 11 de Agosto de 1920, cuja disposição principal era reduzir a Turquia só ao planalto anatólico.

A Primeira Guerra mundial provocou assim o desaparecimento de três impérios seculares: o império austro-húngaro, o império russo e o império otomano. Este desaparecimento fez perder à Europa uma forma política original que, durante uma grande parte da sua história, tinha concorrido constantemente com o Estado-Nação: o Império.

Depois destes desmembramentos, muita da população húngara de raíz magiar encontra-se a viver fora da Hungria, sob nacionalidade romena, checoslovaca ou jugoslava, enquanto que a maioria da sua população se compunha doravante de eslovacos, de romenos e de croatas. No momento da derrota, sérvios, checos e romenos fizeram pressão sobre os vencedores para obter o máximo de

desmembramento da Hungria. Logo em Novembro de 1918, o governo francês faz chegar ao presidente Wilson uma nota invocando as discussões preliminares de paz com a Alemanha, nota na qual podemos ler que, "no que concerne à Áustria-Hungria a questão não se coloca mesmo pois esta potência desapareceu". Nas zonas contestadas, as arbitragens, sempre que tiveram lugar, foram sistematicamente concluídas em detrimento dos húngaros. São geógrafos franceses e anglo-saxónicos que traçarão as novas fronteiras da Hungria.

Foi em nome do princípio das nacionalidades do qual o presidente Wilson se faz defensor que o império austro-húngaro foi assim riscado do mapa.

Thomas Woodrow Wilson, filho de um pastor presbiteriano, nasceu na Virgínia em Dezembro de 1856. Eleito governador de Nova Jersey em 1911, é designado como candidato do partido democrata à eleição presidencial de Novembro de 1912, que vence com uma maioria bastante confortável face ao republicano Theodore Roosevelt. É reeleito em 1916, permanecendo assim à cabeça dos Estados Unidos durante o período particularmente crucial do fim da Primeira Guerra mundial. Intelectualmente, é um verdadeiro herdeiro dos Pais fundadores dos Estados Unidos. Como muitos dos seus compatriotas, ele está convencido da missão universal dos Estados Unidos da América, missão ao mesmo tempo política e moral da qual o jornalismo John L. O' Sullivan expôs as grandes linhas no seu célebre ensaio sobre o "Destino Manifesto" (*Manifest Destiny*) aparecido em 1839. Calvinista, ele olha os americanos como um novo povo escolhido de Deus, a quem cabe dominar o mundo para regenerá-lo impondo-lhe o seu modelo particular. Esta visão ideológica e maniqueísta impede-o de pensar o mundo na sua complexidade.

A 27 de Maio de 1916, falando diante da *League to Enforce Peace*, Wilson já tinha exposto o seu programa: fim da política europeia de equilíbrio das potências, fim da diplomacia secreta, criação de uma Sociedade das Nações, liberdade de comércio. A 22 de Janeiro de 1917, alguns meses antes da entrada do seu país na guerra, ele pronuncia-se por uma "paz sem anexações" fundada sobre o direito dos povos a disporem de si mesmos. A sua ideia é de facto utilizar este direito para minar as fundações dos impérios centrais, face aos quais

a sua aversão não cessou de reforçar-se. A 8 de Janeiro de 1918, ele expõe de novo as suas visões sobre a Europa nos seus célebres "Catorze pontos". Ora, é precisamente referindo-se a estes "Catorze Pontos" que em Outubro de 1918, a Alemanha dirige a Washington uma nota respeitante ao "restabelecimento da paz": o governo alemão, e ele é preciso, "aceita como base, para as negociações de paz, o programa fixado pelo presidente dos Estados Unidos da América na sua mensagem ao Congresso de 8 de Janeiro de 1918". Este apelo à arbitragem dos Estados Unidos equivale a confiar a sorte da Europa à América. De facto, não são apenas os vencidos que vão padecer da sua derrota, mas toda a antiga ordem europeia que vai afundar-se, enquanto que em 1919 a Sociedade das Nações é montada.

Para o presidente Wilson, a independência das nacionalidades é portanto antes de mais um meio de provocar o desmantelamento dos impérios. Pretendendo redesenhar o mapa da Europa em nome da justiça e da previsão de um futuro radioso, ele reúne na realidade mais do que nunca no passado motivos de ódio e de conflitos. Alemães da Alta-Silésia, de Danzig e dos Sudetas, eslovacos anexados à Checoslováquia, húngaros da Transilvânia entregues à Roménia, austríacos do Sul do Tirol religados à Itália., croatas, eslovenos, bósnios e macedónios anexados à Jugoslávia -muito em breve, as rachas vão aparecer, anunciadoras de catástrofes. É por isto que a Europa vai-se encontrar ela própria também arruinada, destruída, retalhada, à imagem do antigo império austro-húngaro.

Wilson pensa assim que a criação da Sociedade das Nações asseguraria a todos os povos uma coexistência pacífica, a nova instituição tinha sido pensada para resolver, com métodos racionais, as tensões e os conflitos internacionais. Foi uma nova ilusão. No plano geopolítico, no pós Primeira Guerra mundial, a potência inglesa estava reforçada em relação às potências continentais. Mas são sobretudo os Estados Unidos, até então neutros, que se encontram reforçados e enriquecidos como nunca tinham estado anteriormente, enquanto que a Europa, no seu conjunto, se torna num aglomerado de segundo plano.

Raros são aqueles que, na época, tiveram consciência destas questões. Dentre eles podemos citar o sindicalista revolucionário Edouard Berth que, a 11 de Maio de 1915, escrevia a Édouard Droz:

"Apresenta-se a Alemanha como responsável pelo cataclismo; a *perversa* Germânia tornou-se como o burro da fábula "o pelado, o sarnento" de onde veio todo o mal – é o Estado bandido, o apache de toda a Europa. Eu confesso-vos que estes clamores me parecem de facto insípidos, e desprovidos de sentido [...] Além do mais, se me coubesse atribuir a um povo uma responsabilidade qualquer, seria em direcção da Inglaterra que eu faria recair todo o peso da catástrofe actual, que é evidentemente o resultado da política de Eduardo VII e de Sir Edward Grey". "A tese da *única* responsabilidade alemã, escreverá ele ainda em 1924, é a base sobre a qual repousa todo o edifício de mentiras que arquitectou a Entente desde há dez anos; é para ela uma verdade que deve permanecer *verdade-tabu*; demolir esta dita verdade é portanto a tarefa essencial dos revolucionários".

Para sustentar o seu julgamento sobre a Grande Guerra, Berth apoia-se sobre o julgamento do seu mestre e amigo Georges Sorel: "Sorel não partilhou nenhuma das ilusões que a guerra deu a todos nós intelectuais – ele achou-a aquilo que ela é na verdade, uma terrível catástrofe que destruiu na Europa tudo aquilo que ainda era viável e precipitou o mundo moderno numa dissolução, da qual só um movimento revolucionário sério pode salvá-la". O objectivo real desta guerra, explica, era "eliminar do corpo da Europa democrática o que restava de sobrevivências feudais representado pela Alemanha dos Junkers": "A Alemanha representava aos seus olhos este espírito guerreiro ao qual eles declararam guerra, tratava-se de expulsá-lo para sempre do corpo da Europa em vias de unificação burguesa". É por isso que Berth não partilhava da alegria que saudou o fim dos combates: "Desta vale comum gigantesca, a mais gigantesca, até hoje" da história, a sociedade burguesa emergiu toda revigorada, tendo consumido a sua unidade e entoando sobre os corpos do proletariado dizimado e prostrado, um canto triunfal de uma rara insolência". Em resumo, esta "guerra de plutocratas" foi "verdadeiramente *ignóbil* em toda a acepção da palavra, ignóbil em todas as suas medidas, ignóbil em todos os seus procedimentos, ignóbil na sua ideologia, ignóbil na sua alma e no seu corpo" (*Guerre des Etats ou guerre des classes*).

Não é certo que, cem anos mais tarde, tenhamos aprendido a lição.

SÍRIA: UMA GUERRA INTERNACIONAL POR PROCURAÇÃO

João Franco

Introdução

No seguimento das chamadas Primaveras árabes que abalaram a Tunísia, a Líbia e o Egipto, essa onda destruidora chegou também à Síria, começando na Primavera de 2011 com protestos e insurreições contra o regime do presidente Bashar al-Assad, que degeneraram em violência, violência essa que foi aumentando de tom até descambar numa guerra civil em larga escala. Na Tunísia, os islamitas ganharam força num país considerado dos mais moderados do mundo muçulmano. A Líbia sem Kadhaffi mergulhou no caos sectário, nas mãos de vários grupos e senhores da guerra, entre os quais se encontra o Estado Islâmico, e os traficantes humanos ganham milhões com os imigrantes, o Egipto foi salvo da Irmandade Muçulmana por uma intervenção militar, tendo actualmente o general El-Sisi como presidente, com o apoio tácito dos EUA.

Ora na Síria, tal como nos países árabes acima referidos, os protestos e insurreições iniciais foram financiados e equipados pelos EUA e alguns países europeus, na sua ânsia liberal de levar a "democracia" a todo o globo, nem que seja pela força. Em todos esses países os grupos iniciais de rebeldes liberais foram ultrapassados em número e em força pelos grupos salafistas e outros extremistas, onde se inclui o Estado Islâmico. Temeu-se até uma campanha militar americana, com o apoio da França, do Reino Unido e Israel, facto que levou a Rússia a fornecer mísseis anti-navio e anti-aéreos modernos (entre os quais o temido sistema S-300/SA-20) ao regime sírio para travar essa intervenção militar.

A escalada do conflito foi terreno fértil para a expansão dos movimentos salafistas ligados à Al-Qaeda e o próprio Estado Islâmico, nascido de uma série de organizações sunitas iraquianas radicais, que viram no conflito interno sírio uma oportunidade de expandirem a sua influência e poder quer no Iraque, quer no país vizinho.

Actualmente, o conflito sírio é mais perigoso com uma série de intervenientes internacionais dos quais se destacam os EUA e alguns dos seus aliados da OTAN, a Rússia, a Arábia Saudita e o Irão.

Sunitas vs. Xiitas e outras minorias.

O regime do presidente Bashar al-Assad apoia-se fortemente na minoria alauíta (xiita) da qual faz parte, enquanto que a oposição rebelde é sobretudo sunita. A guerra na Síria é pois também uma guerra sectária religiosa, que os movimentos salafistas como a Frente Al-Nusra e o Estado Islâmico têm sabido aproveitar para atrair sunitas para as suas fileiras, não só sírios, mas de todo o mundo. Por outro lado, outros oposicionistas rebeldes como o Exército Livre Sírio também são maioritariamente sunitas. Isso faz com que granjeiem as simpatias de muitos países do Médio Oriente, como a Turquia ou principalmente os Estados sunitas do Golfo Pérsico, como a Arábia Saudita e o Qatar. Estes países, em conjunto com os Estados Unidos, começaram por largar de avião abastecimentos, entre os quais munições e armas para auxiliar os rebeldes sunitas. Na verdade, muitos desses equipamentos acabaram nas mãos dos extremistas sunitas e não da oposição liberal. Por outro lado, é certo que parte do dinheiro que financia os rebeldes sunitas vem de Washington, de Riade e de Doha. Uma guerra sai cara e é necessário pagar aos soldados.

O conflito sírio é combatido por uma pletora de grupos, não é fácil compreender o quadro geral. O regime sírio conta com as Forças Armadas sírias, que desde o início do conflito, têm visto os seus efectivos diminuir devido a baixas em combate, deserções e fuga ao recrutamento militar. O moral de muitos efectivos do Exército é baixo, e a sua fiabilidade em combate tem descido. Com o apoio do Irão foram estabelecidas as Forças de Defesa Nacional, que agruparam algumas milícias já existentes e novos voluntários. Com dezenas de milhar de membros, associam especialmente alauítas, drusos e cristãos, mas também sunitas fiéis ao presidente Bashar al-Assad. Esta milícia integra até uma secção feminina, as Leoas da Defesa Nacional! Outras milícias que operam a favor de Assad são as Shabiha, o Exército Popular, a Resistência Síria, a Guarda Nacionalista Árabe, a

Sootoro, as Brigadas do partido Ba'ath, as milícias do Partido Social Nacionalista Sírio e a Fatah-Al Intifada, composta por exilados palestinianos na Síria. Com dois milhões de sírios cristãos também há milícias cristãs e alinham com Assad, o que acontece aliás com outras minorias em geral, como os drusos, arménios, gregos ou circassianos. Também há a presença de elementos houthis iemenitas e de dois grandes grupos de apoio ao regime sírio: o Hezbollah e os Guardas Revolucionários iranianos. O Hezbollah já sofreu centenas de baixas na Síria, mas parece continuar empenhado na luta, sobretudo no Sul do país, e na zona de fronteira com o Líbano. Por outro lado, os Guardas Revolucionários, com a Força Quds e a milícia Basij têm estado vivamente empenhados na luta contra os rebeldes, não só no Sul do país mas também no Norte, sobretudo na província de Alepo.

Por seu lado, os rebeldes liberais estão mais ou menos agrupados sob a égide da Coligação Nacional para as Forças Revolucionárias e Oposicionistas Sírias. Esta coligação é um dos interlocutores preferidos dos EUA, mas também recebe apoio sunita. Incluídos nesta coligação estão grupos como a Frente Islâmica, as Brigadas Turcomenas Sírias (apoiadas pela Turquia), a Legião Sham, o Exército Mujahedeen, o Conselho Nacional Sírio e o Exército Livre Sírio. Este último é o mais poderoso grupo militar ligado aos rebeldes mais moderados e conta com cerca de sessenta mil efectivos. Não obstante, tem sofrido com baixo moral e também deserções nos últimos tempos. O Exército Livre Sírio foi formado logo em 2011, por oficiais sírios descontentes com a actuação do Exército. Com o passar dos anos os seus efectivos aumentaram, graças a um aumento de deserções no Exército sírio e ao recrutamento de civis. Têm essencialmente armamento ligeiro, mas também algum material pesado capturado ao Exército sírio. É um dos grupos com maior apoio por parte da Turquia e da Jordânia, e que inclui muitos voluntários estrangeiros (libaneses, argelinos, tunisinos, jordanos, sauditas, croatas, sérvios e bósnios). Existe também o Exército Livre Iraquiano formado por jihadistas sunitas iraquianos, que além de combaterem no Oeste do Iraque também combatem na Síria em apoio ao Exército Livre Sírio.

Os salafistas, formados por combatentes sunitas ligados à corrente radical do wahhabismo (que tem maior número de seguidores nos

países sunitas do Golfo Pérsico) são outro sector com muita força no conflito sírio, principalmente através da Frente Al-Nusra, que está ligada à Al-Qaeda, mas também de outros grupos menores . A Frente Al-Nusra conduz operações na Síria e no Líbano, tendo mais força no Noroeste da Síria, e sofre oposição por parte de muitos grupos, desde os regimes sírio e libanês, à oposição liberal, ao Exército Livre Sírio, aos grupos armados xiitas ou ao Estado islâmico. Alegadamente apoiados pelo Qatar, beneficiaram de muito armamento enviado para a Síria pelos EUA. Conta com muitos combatentes estrangeiros, principalmente com passaporte europeu ou do Médio Oriente e é considerada organização terrorista por diversos países. Não se coíbe de usar tácticas como assassínio selectivo, bombistas suicidas, carros-bomba, entre outras.

O Estado Islâmico é um caso à parte, e infelizmente de sucesso. Nascido de vários grupos sunitas radicais no Iraque, controla hoje vastos territórios no Iraque (onde ocupa Mossul, uma das maiores cidades, e onde ocupou por bastante tempo Tikrit, terra natal de Saddam Hussein e bastião sunita), na Síria, na Líbia e na Nigéria, mas também está presente no Líbano e tem feito várias incursões na Jordânia, na Turquia e no Irão. O Estado Islâmico opera uma grande panóplia de armas, muitas delas capturadas aos Exércitos sírio e iraquiano e a outros inimigos, e outras recebidas de organizações e países simpatizantes. Opera muito material pesado capturado desde veículos blindados a tanques, obuses, mísseis balísticos e um grande número de mísseis anti-aéreos. É certo que muito embora grande parte dos combatentes sejam voluntários inexperientes, com treino limitado, a sua cúpula militar inclui altas patentes iraquianas, que serviram no Exército iraquiano ou mesmo na Guarda Republicana durante o regime de Saddam Hussein (ele próprio um sunita de Tikrit), o que ajuda a explicar as suas vitórias. O Estado Islâmico recorre a bombistas suicidas, engenhos explosivos improvisados, carros-bomba, execuções, operações psicológicas, escravatura e a outras práticas de terror. Os seus fundos vêm de saques e pilhagens (incluindo cofres de bancos), venda de petróleo no mercado negro, cobrança de impostos e extorsão para garantir "protecção".

Apesar do Estado Islâmico ter capturado vários helicópteros e aviões de combate no Iraque e na Síria até agora parece ter sido

incapaz de usá-los efectivamente. Por outro lado, provavelmente as aeronaves seriam facilmente abatidas pela Força Aérea iraquiana ou síria.

Consta que o Estado Islâmico tem usado armas químicas e que poderá ocupar instalações com capacidade para o fabrico dessas armas.

O Estado Islâmico é uma verdadeira internacional do terror sunita que na Síria conta com a presença de milhares de combatentes estrangeiros, principalmente sauditas, tunisinos, marroquinos, jordanos e tchetchenos, mas inclui uma verdadeira sociedade das nações do terror, com voluntários libaneses, iraquianos, israelitas árabes, palestinianos, uigures chineses, azeris, cazaques, quirguízes, sérvios, kosovares, albaneses, macedónios, bósnios, turcos, indonésios, filipinos, iemenitas, somalis, líbios, egípcios, paquistaneses, sul-africanos, sudaneses, australianos, americanos, canadianos, muçulmanos com passaportes de grande parte dos países da União Europeia (incluindo Portugal).

Outra facção combatente são os curdos do Rojava, que com o apoio do Partido dos Trabalhadores do Curdistão turco e do governo do Curdistão Iraquiano tentam manter-se relativamente neutros, prosseguindo a sua própria agenda. Contudo, têm sofrido grande número de ofensivas por parte do Estado Islâmico, mas também da Turquia, que vê com desconfiança todas as movimentações curdas.

Arábia Saudita e Irão: guerra por procuração na Síria

A Arábia Saudita e o Irão são os países líderes do sunismo e do xiismo respectivamente, e lutam pela posição de supremacia no Médio Oriente. A Arábia Saudita, onde se encontra a cidade mais sagrada para o islamismo, Meca, conta com o apoio dos Estados sunitas do Golfo Pérsico, bem como com a simpatia dos países sunitas do Magreb e de outros pontos do globo, além da cumplicidade tácita de Israel, que vê com bons olhos o enfraquecimento do regime sírio, o papel saudita na neutralização da ameaça iraquiana liderada por Saddam Hussein e a sua oposição ao Irão dos ayatollahs. Além disto é a principal aliada dos EUA na região a seguir a Israel, tendo acesso ao mais sofisticado equipamento militar norte-americano (opera, por exemplo, muitos tanques M1A2 Abrahams, o tanque padrão do

Exército dos EUA). Os EUA, e em menor escala o Reino Unido assumem-se como os principais fornecedores de armamento dos Estados sunitas da região, principalmente dos Estados sunitas do Golfo Pérsico, mas também da Jordânia, que tem modernizado as suas forças armadas. Esta modernização poderá servir para os EUA travarem uma guerra terrestre por procuração contra o Irão, caso os dois países cheguem a um estado de guerra. A Arábia Saudita vê no conflito sírio uma oportunidade para aumento da influência do sunismo e para aplicar um golpe fatal para as minorias religiosas na Síria e no Líbano. É uma das principais apoiantes dos grupos rebeldes sunitas na Síria, com dinheiro e armamento, além de que bastantes sauditas lutam junto dos grupos rebeldes sunitas. Indirectamente a queda do regime de Bashar al-Assad seria um golpe na influência iraniana e potencialmente uma catástrofe para o Hezbollah, sendo que o Líbano correria grande perigo.

Já o Irão, vê sob grande ameaça a aliada Síria. Recorde-se que durante a Guerra Irão-Iraque, a Síria apoiou materialmente o regime de Teerão e manteve desde então uma atitude cooperante face ao Irão, mas também face à milícia xiita libanesa do Hezbollah. A Síria é a principal porta de entrada do apoio financeiro e material do Irão ao Hezbollah, e constitui uma importante mais valia para as operações da milícia libanesa, com apoio sírio em matéria de informações, santuário e apoio logístico para os libaneses. A derrota de Bashar al-Assad seria um importante revés para o Irão, que perderia a sua influência na Síria e veria posta em causa até a existência do Hezbollah, que ficaria bastante isolado e perderia o componente principal da sua cadeia logística. Seria sobretudo uma grande vitória sunita que isolaria ainda mais o Irão, que não se pode dar ao luxo de perder nenhum aliado, visto que os xiitas são minoritários dentro do Islão.

Assim, Teerão tem apoiado activamente o regime sírio, fornecendo apoio monetário e logístico, mas não só. Além de enviar armas e munições para Damasco, de onde se destacam drones não tripulados de reconhecimento e de ataque e mísseis balísticos de curto e médio alcance (recorde-se que o Irão tem uma indústria militar cada vez mais expressiva e diversificada), conselheiros militares iranianos têm apoiado o regime sírio em matérias de comando e controlo,

informações, comunicações, supervisão estratégica e treino. Pode afirmar-se que sem o apoio do Irão, coadjuvado pelo Hezbollah, o regime de Damasco já teria provavelmente sido derrotado. O Irão já sofreu baixas na Síria, mortos, feridos e prisioneiros, uma vez que há cada vez mais iranianos no país e Teerão prevê aumentar o número, para fazer face a um possível assalto rebelde sobre Damasco. Milhares de iranianos pertencentes aos Guardas Revolucionários estão no país, não só da Força Quds, a força de elite responsável pelas operações no estrangeiro do regime iraniano, mas também voluntários da milícia Baji, essencialmente treinados em combate com armas ligeiras.

O apoio iraniano ao regime de Damasco, faz parte de uma estratégia mais vasta de oposição ao sunismo e às potências ocidentais. Teerão também tem enviado muitos conselheiros militares para o Iraque onde tem controlo sobre várias milícias xiitas, e apoia os rebeldes houthis iemenitas que se rebelaram contra o governo, que é apoiado por sunitas liderados pela Arábia Saudita, assim distraindo um pouco as atenções da Arábia Saudita com um conflito nas suas fronteiras.

Face à perda de confiança no Exército sírio, o papel mais importante da Guarda Revolucionária na Síria foi a criação de uma forte milícia pró-governamental, organizada segundo os moldes da milícia Baji, as Forças de Defesa Nacional. Esta milícia conta com dezenas de milhar de membros voluntários, que recebem soldo e equipamento do Exército. A milícia é constituída principalmente por alauítas, cristãos e drusos, mas também conta com sunitas. Embora recebam um treino militar limitado, (há notícias de elementos a receber treino mais avançado na Síria, no Líbano e mesmo no Irão) têm no geral mais motivação e um moral mais elevado do que muitos efectivos do Exército.

Todos contra os curdos

A minoria curda do país concentra-se sobretudo no Norte e Nordeste da Síria, na zona de fronteira com a Turquia. É uma zona autónoma de facto, uma vez que a retirada das forças armadas sírias destas zonas de maioria curda em 2012, levou a que fossem criadas forças armadas curdas para protecção das populações, sobretudo face aos grupos jihadistas como a Frente Al-Nusra e especialmente o

Estado Islâmico. Com o apoio do Partido dos Trabalhadores do Curdistão turco e da região autónoma do Curdistão iraquiano, a zona autónoma, chamada pelos curdos de Rojava, luta por um governo laico e democrático. Tem tentado evitar um envolvimento militar contra o regime sírio e a maioria das forças oposicionistas liberais, mas tem estado envolvida em lutas ferozes contra o Estado Islâmico, ao qual tem conseguido resistir. Kobani, cidade junto à fronteira sírio-turca tornou-se num dos símbolos da resistência curda do Rojava, através de uma feroz batalha na qual participaram muitas mulheres curdas. Os curdos sírios têm recebido algum apoio militar dos EUA, mas sobretudo dos curdos turcos e iraquianos. Recorde-se que a capital do Curdistão iraquiano, Mossul e muitas outras localidades na região autónoma estão ocupadas pelo Estado Islâmico, que tem sofrido as ofensivas curdas e do governo iraquiano com a ajuda de milícias xiitas iraquianas apoiadas pelo Irão.

A Turquia, e na verdade as grandes potências e os países da região em geral, vêm com apreensão a emergência da região autónoma de Rojava, visto que temem um Curdistão independente, que roubaria grandes territórios não só à Síria, mas sobretudo à Turquia, ao Iraque e ao Irão. Um Estado curdo independente não interessa a ninguém para além dos próprios curdos. É por isso que a Turquia, embora participe na coligação internacional que conduz ataques aéreos e com mísseis terra-terra contra o Estado Islâmico, não se coíbe de atacar as forças armadas de Rojava, bem como posições do Partido dos Trabalhadores do Curdistão, quer no Sul da Turquia, quer no Norte do Iraque.

EUA e seus aliados e a Rússia: Os interesses das grandes potências

Os EUA, após o fomento das Primaveras Árabes viram-se impedidos de intervir de forma mais clara contra o regime sírio pela tomada de posição de força por parte da Rússia, que até enviou uma esquadra naval para as costas sírias. É certo que as acções dos EUA contribuíram para o reforço dos grupos extremistas na Síria. Não se sabe até que ponto esse apoio continua ou não, mas certamente que os EUA e outros países da OTAN continuam a apoiar os grupos rebeldes liberais com dinheiro e outros meios materiais. Por exemplo, o

Exército Livre Sírio tem o seu quartel-general no Sul da Turquia. Para os Estados Unidos, o fim do regime sírio e a sua substituição por um regime liberal favorável a Washington permitiria acabar com o último grande foco de influência russa no Médio Oriente, e acabar ao mesmo tempo com a influência iraniana no Mediterrâneo, aplicando um golpe talvez fatal no Hezbollah. Isto beneficiaria Israel e também os países árabes aliados dos Estados Unidos, seriam dividendos políticos muito valiosos que os EUA poderiam cobrar mais tarde. Por outro lado, a vitória dos grupos extremistas representará um caos sem precedentes para o Médio Oriente e um perigo para toda a região e também para a Europa. Os EUA lidam uma coligação internacional composta pelos EUA, Canadá, Reino Unido, Austrália, Qatar, Jordânia, Bahrein, Arábia Saudita, Emirados Árabes Unidos, Turquia e Marrocos, entre outros países, a que se juntou recentemente a França, para conduzir ataques aéreos e com mísseis de cruzeiro contra o Estado Islâmico na Síria e no Iraque.

Por sua vez, a Rússia não quer perder a sua aliada de longa data, com quem mantém importantes trocas comerciais e onde possui em Tartus instalações navais para apoio logístico aos navios russos que se internam no Mediterrâneo. Muito menos quer ver um governo pró-americano em Damasco ou a Síria na mão de jihadistas. A Rússia tem sido uma peça chave para o regime de Bashar al-Assad, fornecendo combustíveis, munições e alguns sistemas de armas, treino, aconselhamento e peças sobresselentes e reparações, sobretudo para aeronaves sírias. Recentemente um contingente militar russo ocupou instalações em Tartus e Latakia na costa síria. É confirmada a presença de equipamento blindado pesado e também de aviões de combate.

Apoiando a Rússia o regime de Bashar al-Assad, e os EUA a oposição síria, é outra guerra por procuração que se trava em nome das grandes potências.

O Estado de Israel
Israel vê com bons olhos a desestabilização da Síria provocada pela guerra civil. A Síria sempre foi uma inimiga de Tel-Aviv e aliada de dois inimigos do Estado de Israel: o Irão e a milícia libanesa do Hezbollah, esta última com um longo historial de luta contra Israel.

Sabe-se que Israel efectuou ataques aéreos não assumidos contra posições do regime sírio, principalmente nos primeiros anos da guerra civil. Um dos primeiros alvos foi um carregamento de mísseis anti-navio russos, numa altura em que se pensava numa intervenção internacional contra Bashar al-Assad. Por outro lado, alvos iranianos e do Hezbollah na Síria foram também visados. Israel não quer de maneira nenhuma que o Hezbollah possa obter mais armamento e que saia reforçado do conflito sírio. Se o regime sírio vencer, Israel quer assegurar que o Hezbollah não ganhará demasiado com isso, efectuando ataques cirúrgicos preventivos contra as suas lideranças e arsenais. Por outro lado, os combatentes do Hezbollah estão a ganhar em treino e experiência de combate, sobretudo em áreas urbanas. Se a oposição síria liberal vencer a guerra, Israel sairá sem dúvida beneficiado, por outro lado, se os extremistas sunitas vencerem, Israel correrá eventualmente mais perigo. Talvez por isso, com as vitórias do Estado Islâmico, parecem ter diminuído as surtidas israelitas contra posições do governo sírio.

Em jeito de conclusão: A situação actual

O regime sírio encontra-se numa situação de cansaço, tal como admitido pelo presidente Bashar al-Assad. Só controla um terço do território sírio, tendo perdido o controlo de quase todo o Leste do país, onde se encontram os campos petrolíferos. Em contrapartida mantém o controlo sobre o litoral, onde se concentram os alauítas e sobre as regiões mais férteis do país para produção de alimentos. O Estado Islâmico controla a maior parte do território sírio, seguido pelos curdos do Rojava, pelos rebeldes oposicionistas onde se inclui o Exército Livre Sírio e pela Frente Al-Nusra ligada à Al-Qaeda. Alepo é a principal cidade sob controlo parcial rebelde, é a maior cidade da Síria, e sua capital económica. O reforço das posições iranianas no país e a chegada recente de um contingente militar russo vêm confirmar a posição de fraqueza do presidente sírio.

A ameaça mais séria vem do Estado Islâmico, que além de consolidar as suas posições no Leste da Síria fez um grande avanço no Sul, onde até tem actuado para lá da fronteira, no Líbano.

O Exército sírio tem sofrido um desgaste enorme durante os quase cinco anos de guerra. Muitos efectivos têm desertado para se juntarem

à oposição, enquanto outros têm desertado para sair do país e muitos sírios fugido para não serem recrutados. Isto levou a que fossem criadas as Forças de Defesa Nacional, com o apoio do Irão. Muito embora o seu treino seja geralmente mais básico do que o do Exército, a força é composta por voluntários e o seu moral e empenho são superiores. O Exército está muitas vezes reduzido a um papel de apoio logístico e com artilharia e veículos blindados, a que se junta o apoio aéreo leal ao regime. Contudo, o Exército, ainda tem unidades de confiança, que estão geralmente aquarteladas em Damasco e nos arredores e que funcionam também como uma reserva para acorrer pontualmente aos sectores mais fragilizados do país, como a Guarda Republicana e a 4ª Divisão Blindada. É vital para o moral das forças do regime e da população que o apoia que Damasco não caia nas mãos dos rebeldes.

Por outro lado a Marinha síria, tem tido um papel muito reduzido durante o conflito, de apoio de fogo a operações terrestres na costa, particularmente em Latakia. A Força Aérea síria tem grande importância estratégica para o regime sírio, pois permite uma vantagem concreta face a adversários que não têm forças aéreas. Contudo, o aumento do número de mísseis anti-aéreos portáteis nas mãos da oposição, já causou dezenas de perdas de aeronaves sírias e sérios danos noutras. Sem a colaboração russa (que fornece sobresselentes e efectua reparações) seria impossível manter a operacionalidade da Força Aérea síria, mesmo para o treino de pilotos. A perda de pilotos de combate é mais grave do que as perdas de aeronaves e pilotos sírios estarão a ser treinados na Rússia. Além do mais a Rússia tenciona entregar nos próximos anos os trinta e seis Yakovlev Yak-130, avião moderno para treino e ataque ligeiro ao solo, que a Síria encomendou e já pagou parcialmente. Por outro lado, o Irão terá fornecido um avião de transporte pesado (Il-76) e oito Sukhoi Su-22 para substituir perdas no inventário deste avião por parte dos sírios.

O Hezbollah e os Guardas Revolucionários têm aumentado também os seus efectivos na Síria, essencialmente no Oeste e no Sul do país, mas não é claro se têm força para uma ofensiva contra os bastiões do Estado Islâmico no Leste. Por outro lado também há grande interesse em defender Damasco, que tem as linhas da frente

inimigas cada vez mais próximas.

As forças oposicionistas liberais estão no geral muito fragmentadas e guerreiam também entre si, o que limita a sua eficácia, não obstante controlarem vastas áreas no Sul e Oeste do país.

O Estado Islâmico e os curdos são os dois grupos que têm obtido maior sucesso nas suas actividades, muito embora estes últimos contem com forte oposição turca às suas actividades. Quanto ao Estado Islâmico, apesar dos grandes avanços, que ninguém tem conseguido impedir, parece que os Estados Unidos e seus aliados, bem como a comunidade internacional em geral, começam a tomar consciência da ameaça que este representa, sobretudo à medida que conquista apoios e novos territórios para o Califado.

A recente presença militar russa com capacidade combatente, poderá ter diferentes significados que só o futuro poderá clarificar: as forças russas vão atacar o Estado Islâmico? Se sim, como vão articular-se com as forças internacionais que atacam os extremistas? Ou vão atacar quaisquer forças rebeldes? Vêm aumentar a capacidade defensiva em torno de Damasco? Pretendem criar no litoral sírio um último reduto bem armado, para personalidades e forças sírias se reagruparem face a uma hipotética queda de Damasco? Têm apenas um papel simbólico para levantar o moral dos fiéis ao regime? Ou pretendem até garantir a segurança e transporte para o exílio de Bashar al-Assad e seus fiéis mais próximos?

MIGRANTES: UM PROBLEMA HUMANITÁRIO OU GEOPOLÍTICO?
João José Brandão Ferreira

"Quem o inimigo poupa, às mãos lhe morre".
Provérbio português (muito antigo)

Para quem ainda não tenha dado conta, nós estamos perante um problema geopolítico de proporções bíblicas.

O drama dos migrantes, emigrantes, refugiados ou infiltrados é consequência daquele e, por sua vez, agrava e amplia o anterior.

Ora sem se perceber e atacar a origem geopolítica da equação, não se pode resolver o problema das verdadeiras hordas de deslocados que, voluntariamente ou empurrados, se dispõem a percorrer distâncias enormes e a enfrentar imensos perigos e incertezas para chegar ao coração da Europa quando têm países ricos, de matriz muçulmana (e não só) por perto. Esta crise, e temos que ser sucintos, deriva principalmente dos conflitos do Médio Oriente, que se estendem ao Afeganistão e Paquistão, Irão, "Primaveras" Árabes (que nunca ninguém percebeu muito bem o que foram), que têm por fundo o "eterno" conflito israelo-árabe e como excrescência – já global – a praga do "terrorismo".

A acrescentar a tudo isto temos a inominável destruição caótica do continente africano que a Guerra - Fria fomentou e alimentou, sobretudo a partir da Conferência de Bandung, de 1955, e o miserável abandono a que os países europeus, sobretudo os ocidentais, votaram os países que "descolonizaram" da maneira mais absurda.

Neste período temos que realçar a conflitualidade nos países árabes da orla mediterrânea, e a expansão do Corão para Sul, que já vai no paralelo da Nigéria; a guerra civil no Sudão e a situação de devastação no Corno de África que fez reaparecer a pirataria marítima que tinha sido erradicada em meados do século XIX.

O Ocidente abandonou a África à pilhagem, à corrupção e à lei da selva e apenas se interessou em deitar mão a matérias-primas e a alguns pontos de valor geoestratégico.

A nós, portugueses, que éramos os únicos que mantínhamos uma presença equilibrada, civilizada e com futuro naquele continente e na Ásia, não descansaram enquanto não correram connosco – com a conivência de alguns portugueses transviados.

A ONU, que já devia ter sido fechada há muito, por desde sempre ter mostrado a sua inutilidade, a única coisa que faz é injectar "boys e girls" – de numerosos organismos que não se cansa de criar - principescamente pagos, em zonas de conflito, a fim de fingir que faz alguma coisa.

Trabalho improfícuo, sempre, por nunca atacar causas, mas apenas efeitos, e mesmo assim de duvidosa utilidade.

À margem do areópago "onusiano", reúne-se o verdadeiro Conselho de Segurança, que o G7, o G8 e o G20, (e outros) representam.

Melhor dizendo, quem está por detrás dos personagens que aparecem na fotografia…

As guerras não sofrem solução de continuidade. Nelas destacam-se três protagonistas: os EUA (normalmente com os britânicos à ilharga) e o eixo anglo-francês.

Os EUA bombardeiam hoje uns, amanhã outros, depois os mesmos e os seus contrários. Vendem armamento a todos conforme a égide do momento. Quando precisam de inventar mentiras para levar a sua opinião pública a apoiar a guerra não hesitam, como foi o caso da segunda guerra do Iraque, aliás como fazem sem qualquer pudor pelo menos desde a miserável guerra que moveram à Espanha, em1898.

Só não atacam Israel, mesmo quando estes, em 8/6/1967, atacaram um navio de guerra americano – o USS Liberty" - sem qualquer rebuço. Evento escondido de imediato pela Administração Johnson.

Parece que Kennedy se opôs a que Israel pudesse ter a bomba atómica, ao mesmo tempo que queria ter controlo sobre o dinheiro emitido na América e retirar esse monopólio ao FED. Acabou morto uns meses depois. Nunca se descobriu porquê nem por quem, até hoje.

E, até ver, os EUA também não atacam a Arábia Saudita, onde impera uma aliança com a casa de Saud. Esta tem uma posição proeminente na OPEP e muito dinheiro investido nos EUA. Ora os "petrodólares" são fundamentais para manterem a economia americana e o estado calamitoso das suas finanças a funcionar.

Mas não contentes com isto, desde que o "Muro de Berlim" caíu não páram de empurrar a barriga para cima dos russos, aproveitando-se da fraqueza em que as consequências da Perestroika, e a descolonização forçada do império soviético, os tinha deixado.

E, passe a ironia, quando os sobreviventes de um dos piores regimes e ideologia de todo o sempre, estão a aprender a ser….. capitalistas!

Ele foi a Sérvia e a Geórgia; ele foi a tentativa de meter todos os países de leste na Nato; a instalação de mísseis na Polónia, na República Checa,

na Roménia, etc.. A seguir atiraram-se para cima da "buffer" zona de segurança dos russos, chamada Ucrânia e pretenderam retirar-lhes a Crimeia. Para já não falar na guerra surda que por aí vai sobre a construção de oleodutos e gasodutos e muitas outras coisas.

Não quer dizer que os russos sejam flor que se cheire, mas uma coisa é não permitir que o "urso" nos chateie, outra coisa é ir chatear o urso… O urso começou a retaliar.

A Inglaterra, que é protagonista e sabe que a "Royal Navy" já não domina os mares, encosta-se aos EUA sua antiga colónia com a qual – caso inédito – perderam três guerras (1776, 1812 e 1815). Sabem muito de diplomacia, doutrina e estratégia e a "City" de Londres ainda se mede com a Wall Street. Em troca têm posição relevante na NATO e acesso a informação privilegiada e tecnologia de ponta.

E convém não esquecer que foi lá que emergiu a Maçonaria especulativa, em 1717, e foi base de organizações de pensamento estratégico – ao mesmo tempo públicos e reservados (chame-mo-lhes assim), de que as "Round Tables" e a "Chatman House", ocuparam lugar de relevo.

Este tipo de organizações foi sendo "exportado" para o outro lado do Atlântico.

A França, que não tem nada de pragmática e cujos governantes ainda pensam que o Napoleão vai voltar de S. Helena, está minada por todos os lados e vive no pânico da Alemanha. Restam-lhe uns navios, algumas esquadras de voo e a Legião Estrangeira. O resto é uma dor de cabeça. Dispondo de uma diplomacia tortuosa e contraditória, arrogam-se pesporrências, mas não são para levar a sério.

Constituíram, porém, um acordo militar separado dentro da NATO e da UE, com o Reino – Unido – o Acordo de Dover - para actuarem em conjunto, quando tal lhes interessar.

Foi assim que atacaram a Líbia e lançaram o caos naquela hipótese de país e fizeram desaparecer o Kadhafi uns dias depois de o convidarem para almoçar no Eliseu.

E agora preparam-se em conjunto, para atacar a Síria, mas não se sabe bem o quê ou quem!

Tudo gente do mais fino recorte…

Uma palavra para a Alemanha, por motivos óbvios.

A Alemanha, sobretudo a partir de 1871, e antes dela o Sacro Império Romano - Germânico, sempre representou, pela sua posição central na geografia do Continente e "Poder", é o fulcro de toda a política europeia.

Os germânicos são um povo forte, racional, organizado, trabalhador e sério. São porém arrogantes, pouco desenrascados e flexíveis e demasiado disciplinados (no sentido em que acriticamente se deixam encarneirar).

Sofrendo ainda de uma falta de humor que os não favorece nada.

Acontece que foram pesadamente derrotados na segunda guerra mundial e diabolizados por causa do regime nazi (que continua mal enquadrado e explicado), que terá levado à guerra – o que não é inteiramente verdade – e às perseguições que fez a minorias étnicas, nomeadamente aos judeus, o que de facto se terá passado, embora não na escala oficializada.

A seguir à guerra a Alemanha foi ocupada militarmente e dividida em quatro zonas de ocupação. O mesmo aconteceu com a antiga capital, Berlim. Procedeu-se em seguida a um programa de "desnazificação" intenso e quando lhe outorgaram uma constituição, em 1949 – já que até hoje nunca houve um Tratado de Paz, oficial – esta foi acompanhada de um conjunto de cláusulas secretas pesadíssimas, não havendo a certeza se algumas perduram ainda hoje.

Na Alemanha existem leis de delito de opinião e há um conjunto de temas que não podem ser discutidos ou postos em causa.

Tem estado privada de usar as suas reservas de ouro e tem pago pesadas indemnizações de guerra, nomeadamente a Israel.

Pior do que tudo foi-lhes inculcado um sentimento de culpa que os tolhe em permanência, que Hollywood não se esquece de recordar todos os anos e que todas as organizações judaicas e, sobretudo sionistas, não deixam de vigiar constantemente.

Ou seja a Alemanha não é um país completamente livre, e só começou a reganhar a sua soberania após o Tratado 2+4, de 1994, que terminou com a ocupação militar – embora nem todas as tropas tenham abandonado o solo alemão – e selou a unificação.

Ou seja o Estado e a Nação alemã encontram-se fortemente condicionados, política e psicologicamente.

São estes os factores que explicam a atitude da Chanceler alemã e do seu vice, mesmo que Frau Merkel não concorde com as incríveis medidas anunciadas para o acolhimento de migrantes, as quais poderão espoletar uma revolta na população alemã.

Finalmente apareceu – ninguém sabe exactamente como – o autodenominado Estado Islâmico.

Um "Estado Islâmico" que se tem entretido, em exclusividade (até ver) a ... matar e destruir, islamizados!

Ninguém descobre e, ou, diz quem os financia, quem lhes compra o petróleo, que supostamente conseguem vender, quem lhes fornece o armamento, etc. Até já atacaram o Hamas!

Quando se investiga um crime, e primeira pergunta que um investigador faz é quem sai favorecido com o mesmo. A analogia aplica-se aqui.

Não deixa, outrossim, de ser curioso verificar que até agora – a não ser que me tenha escapado algo – não houve nenhum ataque do Estado Islâmico a Israel ou a qualquer interesse judaico em qualquer parte do mundo; tão pouco alguma declaração de um governante israelita contra a dita organização.

Estranho é, também, que o governo jordano que tão indignado ficou por os ditos cujos lhe terem queimado barbaramente, um piloto, apenas tenha feito um raide aéreo de retaliação, remetendo-se a partir daí, à inanidade. Tudo isto depois de, sem se saber como, terem desatado a atacar o governo sírio e a provocar a guerra civil no país, visando a deposição do Presidente Assad. Que terá feito este infeliz para passar de repente a besta? Não é democrata? Ora vão gozar com outro!

Ou será que foi uma maneira indirecta de atacar o Irão, coisa que esteve por um triz, mas não aconteceu, e de minar também a construção de alguns oleodutos e gasodutos de que não se fala?

Aparentemente quem não gostou deste desfecho foi o governo israelita que continua a bater na tecla de ser necessário atacar o Irão e cujo Presidente Nethanyahu não se fez rogado em ir falar no Congresso Americano, contra a posição de Washington (sem se saber quem o convidou. Parece que todo o mundo achou tal gesto uma coisa natural!

As coisas que se passam no mundo e a gente a ver...

Ora apesar desta sucessão de conflitos que dura há décadas, nunca tinha havido uma tão grande fuga em massa de pessoas, rumo à Europa, isto é, aos países mais ricos da Europa, pois ninguém quer ir para o Kosovo (chiça!), nem para a Rússia, não que lá faz frio e os eslavos não são propriamente um modelo de simpatia...

Porque é que há agora?

Porque é que eles não se acolhem aos países vizinhos?

Onde arranjam dinheiro para a viagem e para pagar à corja de passadores (que ninguém caça), que os transportam como não se transporta gado?

Porque é que os responsáveis por todos estes erros e barbaridades não são chamados à pedra?

Porque é que só a Europa é que tem que acolher esta gente toda?

Qual é o limite de migrantes que podemos aceitar: um milhão? Dois? 10?

Não há limite?

Mais uma vez: a quem isto pode interessar e favorecer?

A maneira como a maioria dos países da União Europeia e, sobretudo as mensagens oficiais oriundas de Bruxelas, têm olhado para toda a situação é uma aberração em termos de senso; chegando ao despautério de invocar princípios cristãos para acolher os refugiados, quando, há décadas, andam a atacar e a tentar destruir o Cristianismo, na Europa...

O sinal que se está a dar é, "venham todos"!

As acções já enunciadas e a que querem dar um cunho de obrigatoriedade vai, por seu lado, causar mais confusão, conflitos e eventuais alterações geopolíticas.

Pode inclusive levar ao fim da UE e, no limite, a guerras civis por todo o lado, com o muito possível extermínio, a prazo, das populações de raiz europeia.

Vamos tentar dilucidar tudo isto um pouco melhor.

*****

"O homem é o homem e a sua circunstância".
Ortega y Gasset

A Humanidade é uma só, mas não é una, está dividida em diferentes comunidades humanas, com características de cor de pele, hábitos, culturas, línguas, religiões, etc., completamente distintas.

As vicissitudes da História foram mudando e agrupando estes seres humanos com um grau de desenvolvimento sempre diferenciado, à medida das afinidades – que geram coesão – do poder do mais forte, da evolução do Direito e do reforço ou retrocesso, da consciência moral e dos ditames das diferentes religiões, em comunidades que passaram do clã, à tribo; desta à cidade - estado; aos impérios; finalmente aos países, cujo expoente maior são os Estados-Nações.

Pelo meio houve alianças, integração pela força ou voluntária e rupturas do mesmo modo, etc..

Como pano de fundo, a sempre presente guerra, ou seja a tentativa de impor um poder a outrem, ou de solucionar conflitos por meios violentos.

Desenvolveram-se, no entretanto, dezenas de ideologias e formas de governo, que seduziram e arrastaram milhões de pessoas em diferentes épocas; tudo debalde, pois nunca tal resolveu o problema da Harmonia, da Paz, da Justiça e do Desenvolvimento.

A natureza humana não o permite; estamos perante a eterna luta do Bem contra o Mal, mistério que ninguém sabe explicar.

Mas há sempre gente – não direi que muitos não tenham boas intenções – com ideias.

Alguns cidadãos criaram, nos anos 20 do século XX, o Movimento PanEuropeu. Ainda existe, mas poucos o conhecem. Que advoga este Movimento? Pois a fusão de todos os povos da Europa, o fim das fronteiras e dos países.

Para ajudar a este desiderato advogavam a emigração em massa de negros e asiáticos e, já se vê, de muçulmanos (aqui a coisa começou a sair fora de controlo). Este movimento seria depois alargado podendo ir de S. Francisco a Vladivostok … Quer dizer ao mundo inteiro.

É este movimento que representa a origem próxima da UE.

Em rota de aproximação a este movimento entrou um outro, fundado pela alta finança internacional, cuja estrutura de poder começou a ser construída há cerca de 250 anos, e nunca mais parou de ser aperfeiçoada. Os dois movimentos encontraram-se e estabeleceram, aparentemente em comum, plataformas de entendimento.

Desabou no meio disto, tendo recebido o apoio destes últimos, o Movimento Sionista mastigado e implementado na segunda metade do século XIX e cujo propósito único inicial era o da constituição do Estado de Israel.

*****

"Não procures nem creias, tudo é oculto"
Fernando Pessoa

Vejamos o que pode acontecer a quem é muito rico? Pois quer ser mais rico! E depois? Depois a espiral não pára até se fartarem das coisas mundanas: jogo, mulheres, bens, etc..

Daqui parte-se para a conquista do Poder. O Poder é afrodisíaco e o seu usufruto e manipulação pode representar uma compulsão superior ao sexo, ou a qualquer outra actividade. Cá está, novamente a natureza

humana no seu esplendor…

Alguns casos recentes passados na sociedade portuguesa (isto é, à nossa escala) ilustram até, o que acabo de dizer.

Fenómeno semelhante se passa com o sentimento de pertença a uma Sociedade Secreta, ou discreta.

Ora no seio deste grupo alargado de financeiros/geopolíticos, que raramente dão a cara e assumem o que querem ou fazem, onde pontuam famílias de origem judaica (normalmente Azekanazis, não Sefarditas), e outros de matriz Protestante, começaram a desenvolver-se ideias de domínio mundial, com a instalação de um futuro governo a essa escala.

Ora para tal necessitam de globalizar a economia – cuja principal arma é a manipulação financeira – e a mestiçagem completa de todas as raças e comunidades.

A seguir (já está em marcha) virá o controlo da natalidade e da genética; a introdução de um "chip" debaixo da pele; o controlo (monopólio) das sementes, a imposição de "vacinas"; o controlo das mentes; a erradicação do dinheiro (em papel e moeda) e várias outras iniciativas "filantrópicas", algumas das quais nos habitámos a ver nos filmes de ficção científica.

A tal "Humanidade Única".

Aliás, no mesmo sentido em que a Maçonaria inventou a figura do "Grande Arquitecto do Universo", e com isso tenta substituir os diferentes deuses e religiões.

É claro que o que é veiculado é que tudo isto é fruto do mais acrisolado filantropismo, pois destina-se a acabar com as guerras e a garantir a felicidade terrena e a justa distribuição dos bens.

A mim parece-me – e gostava de estar errado – que apenas se trata de ambição de poder por uns deslumbrados que se julgam "eleitos", que pretendem reduzir os humanos a uma espécie de escravos modernos robotizados.

Ou seja até perdermos a Liberdade.

Este cenário não fica completo, nem é possível, sem a destruição da família tradicional.

A família tradicional é um obstáculo formidável a esta putativa tentativa de hegemonia do mando – e só não é patética – porque é real e perigosa. A família é a célula base da sociedade e das nações. São as famílias que educam os filhos, passam valores, tradições e cultura.

Ora seria muito difícil mudar a sociedade a contento, sem a destruição dos laços familiares.

Vou escusar-me a listar toda a parafernália de barbaridades que foram postas em prática e instigadas, sobretudo a partir dos anos 60 do século XX, com este objectivo ou resultado. Pensem um bocado que chegam lá.

Mas o curioso de tudo é que, tanto quanto se consegue saber, os ditos cujos que se afadigam nestas andanças paranóicas, tentam preservar os seus laços familiares não só casando entre si, como utilizando a via matriarcal como definição de ADN exclusivo!

*****

"Nunca se mente tanto como depois de uma caçada, durante uma guerra, ou antes de umas eleições"
Otto Von Bismark

A criação do Estado de Israel, atrás apontado, representa uma situação peculiar e única no mundo.

Não se tratou de um caso de auto - determinação, nem de descolonização, tão pouco de uma revolta contra um usurpador, como tinha acontecido num passado remoto contra Assírios e Romanos.

Tratou-se de uma acção concertada de emigração de população judaica que vivia espalhada pelo mundo, nomeadamente da Europa Central e Rússia, para a antiga Palestina, a grande maioria dos quais não descendia de ninguém que tivesse habitado o território.

E, a partir daí, construir um Estado.

Aliás, creio, que até hoje nenhum Chefe de Estado ou de Governo israelita é descendente de semitas.

Esta migração juntou-se a uma minoria semita que habitava o território há séculos, e estaria integrada no Império Otomano, que se desfez no fim da I

Guerra Mundial, ficando posteriormente debaixo do "mandato" da Grã-

Bretanha, concedido pela Sociedade das Nações.

Ora tinha sido justamente o governo inglês que foi abordado, em 1916/7 – quando os alemães estavam a ganhar a guerra e pretendiam negociar um armistício – que uma delegação sionista, que pretendia continuar a guerra, oferecendo os seus préstimos para fazer com que os EUA entrassem na mesma, contra as potências centrais, pedindo em troca o apoio britânico para a instalação de um Estado Judeu na Palestina.

O governo inglês reagiu como a sua diplomacia costuma, e daí surgiu a "Declaração Balfour", em 1917 (pode ser consultada em qualquer

lado), em que aquele país dava o seu acordo de princípio e prometia os melhores esforços...

Declaração entregue ao Barão de Rothschild.

Ora foi isto que está verdadeiramente na origem do Estado de Israel; da entrada na guerra dos EUA e da mudança de atitude dos alemães para com os judeus (com os quais tinham feito um acordo muito vantajoso para todos, no início do século XIX) e, sobretudo, após o que se verificou com o armistício que se tornou uma rendição, de 1918 e com a humilhação do Tratado de Versalhes, do ano seguinte.

Quanto aos ingleses tiveram muitos amargos de boca posteriores e acabaram por sofrer actos de sabotagem e terrorismo, por parte de organizações combatentes judaicas, na Palestina, acabando por abandonar o território com o rabo entre as pernas.

Existem outros casos que se podem assemelhar aos judeus, mas que não tiveram, até ver, sucesso: por exemplo a fundação de um estado "cigano" na Transilvânia; um estado Curdo entre o Iraque, a Síria, o Irão e a Turquia; um estado autóctone aborígene à volta da cidade de Alice Springs, na Austrália, ou até, um estado "índio" aproveitando as reservas indígenas do Wyoming, onde o General Custer foi trucidado com o Sétimo de Cavalaria!

Não deixa também de ser curioso como os europeus que passaram a ser tão lestos em auto determinar (isto é, abandonar povos num estado incipiente de civilização, á sua sorte) povos que dominavam, e que ao contrário dos portugueses, nunca quiseram integrar, passaram a preocupar-se tão pouco com a sua própria independência, querendo diluir-se em federalismos espúrios, ao mesmo tempo que partes do seu território se pretendem separar, como é o caso da Catalunha, da Escócia, da Córsega, etc., estando outros à espreita; quando, simultaneamente, outros se desintegram, caso da exJugoslávia e o Kosovo é forçado a uma independência artificial...

Eis um grau de contradições e de insanidade difícil de imaginar e impossível de gerir.

Isto para já não falar da praga do mais furioso individualismo que atravessa o mundo ocidental e que, conjuntamente com o relativismo moral, seu "compagnon de route", estão a transformar ou a querer transformar, cada pessoa, em Deus de si próprio e fazedor da sua própria moral.

*****

"Não houve uma só ocasião na História em que a esquerda não tenha provocado desastre atrás de desastre, cujo preço foi sempre pago, principalmente pelos mais fracos."

Jorge Semprun[18]

É preciso enquadrar a vaga de migrantes em todo este quadro cuja complexidade apenas foi abordado pela rama.

Mas, sendo os conflitos em África e no Médio e Próximo Oriente, praticamente endémicos, o que terá levado a este êxodo repentino?

Não temos certezas, mas temos por certo que nada se passa no mundo por acaso, ou sem haver uma mão por detrás.

As modernas tecnologias não explicam tudo, nem podem sustentar um fenómeno destes – tipo mobilização pelas redes sociais – como, aliás, nos quiseram fazer crer, que esteve na origem das Primaveras Árabes, que rapidamente se transformaram no Inverno do nosso (e deles) descontentamento!

Na Líbia não existe qualquer tipo de estado ou autoridade organizada que controle o fluxo de refugiados - porém, onde é que estes têm dinheiro para pagar aos passadores? Que dizer da Tunísia, da Turquia, do Líbano, do Egipto (onde curiosamente não se levantaram críticas, relativamente à matança dos islamitas e onde impera uma ditadura militar, tão detestada no Ocidente?

E os estados ricos do Golfo Pérsico – porque é que estes não têm quotas para refugiados que até são da mesma fervorosa e prosélita fé?

Parece que agora a "bete noir" é o Estado Islâmico (EI) que, de facto, tem procedido a barbaridades apenas igualadas pelo carniceiro lunático, o comunista Pol Pot, no Camboja.

Como ninguém tem coragem para os ir combater no terreno pois para isso é preciso "tomates" e infantaria – que de arma mais numerosa, em todos os Exércitos, passou a vias de extinção, em todos os democratíssimos países ocidentais - resolveram os americanos (que por norma criam os conflitos e depois se entretêm a combatê-los) e alguns países vizinhos, atacá-los com aviões e "drones".

Ora não se vai conseguir atacar umas centenas ou milhares de elementos do EI, com aviões e "drones", se estes estiverem disseminados pelos países europeus...

E é curioso que quem melhor tem combatido o EI são os Curdos, que nem são um Estado...

---

[18] Economista, prisioneiro dos nazis e Ministro da Cultura de um governo do PSOE, em Espanha), In "Público" de 10/6/2011.

A Última
Cultura
Finis
Mundi

*****

"A humanidade não existe sociologicamente, não existe perante a civilização. Considerar a humanidade como um todo é, virtualmente, considerá-la como nação; mas uma nação que deixa de ser nação passa a ser absolutamente o seu próprio meio. Ora um corpo que passa a ser absolutamente do meio onde vive é um corpo morto. A morte é isso – a absoluta entrega de si próprio ao exterior, a absoluta absorção no que cerca. Por isso o humanitarismo e o internacionalismo são conceitos de morte, só cérebros saudosos do inorgânico o podem agradavelmente conceber. Todo o internacionalista devia ser fuzilado para que obtenha o que quer, a integração verdadeira no meio a que tende a pertencer. Só existem nações, não existe humanidade."

Fernando Pessoa[19]

Tudo isto serve para chegar à conclusão que a estratégia seguida pela UE, e a ONU – afinal porque é que o assunto não se discutiu naquele fórum? – está profundamente errada.

Em primeiro lugar não há estratégia, mas apenas pontuadas. Nem pode haver pois a UE é um aborto político que quer misturar e conciliar, água com azeite, potássio com sódio, essência de eucalipto com suor.

Depois porque não existe pragmatismo, sendo certo que existe um problema moral grave: o dever de ajudar quem está desamparado, é vítima de atrocidades e possa estar em perigo de vida.

Só que para a maioria dos países europeus existe um problema da sua própria sobrevivência.

Esta sobrevivência tem vários matizes e âmbitos.

Entra pelos olhos dentro que a Europa já tem emigrantes a mais. Números recentes indicam que em 2050 haverá 50 milhões de muçulmanos, fora o resto.

Por outro lado, não se carece de grandes demonstrações para perceber que a maioria destes emigrantes, maioritariamente os muçulmanos e negros e em menor número os oriundos da bacia hindustânica, não se quer integrar e são racistas.

A maioria dos europeus não lhes fica atrás, embora a propaganda dos "direitos humanos", movimentos anti-racistas e o chavão do

---

[19] in "Textos Filosóficos e Esotéricos – 1915"

multiculturalismo, tenha melhorado um pouco as coisas, ou tornando-as latentes.

Porém, a política multicultural falhou em toda a linha, como já é hoje reconhecido, a começar pela Chanceler Merkel.

Finalmente, o choque cultural entre comunidades é tremendo e o aumento da criminalidade por parte de emigrantes e, sobretudo 2ª e 3ª gerações dos mesmos, tem vindo a aumentar consistentemente e tem sido percebido pela opinião pública, apesar do indecoroso e antidemocrático, escamoteamento, a qual tem sido alvo na comunicação social e na própria aplicação da Justiça. Ora tudo isto, e não é pouco, está a levar à descaracterização dos países que, no final, irão desaparecer como os conhecemos, à destruição da matriz cultural de cada um deles e ao aumento de tensões sociais que podem levar - e inevitavelmente levarão - a conflitos violentos e a muitas guerras civis um pouco por todo o lado.

Pode levar algum tempo mas quando começar vai ser como um rastilho de pólvora a arder.

Os velhos estão cansados e descrentes, os de meia - idade, entretidos a ver se ganham dinheiro, e os novos vivem despreocupados entre praias, concertos, internet, sexo, charros e anos sabáticos para gozar a vida, etc. (os que podem), mas lá chegarão.

Por último, ao baixarem os braços e afirmarem querer acolher todos os que se apresentem nas fronteiras, a Comissão Europeia e a maioria dos países europeus, com a Alemanha à frente, numa atitude irresponsável que não se coaduna nada com a sua maneira de ser, estão a dar sinais errados, que só vão incentivar a vinda de mais gente.

A excepção tem sido a Hungria – cujo governo tem sido miseravelmente atacado e apelidado de extrema - direita – e também a Dinamarca que já chegam ao ponto de fazer publicidade no Líbano, afirmando restrições ao estatuto de asilo e cortes nas ajudas sociais.

Entretanto outros países começam a reagir e a impor controlos sucessivos. Perguntas simples: quantos milhões de migrantes vão os países da UE acolher?

Quantos é que se podem acolher? Um milhão? Dois? Quantos? Onde está o limite? Ou não há limite?

O que se faz a seguir?

Requisitam-se as casas dos cidadãos para albergar os que migram? Quem lhes vai dar de comer e tudo aquilo que precisem? Onde vão trabalhar? Devolvem-se à procedência ou manda-se vir a família? Quem paga os custos (e não estou só a pensar em custos materiais)?

O que nos leva à magna questão que ninguém se atreve a fazer: nós queremos deixar de ser o que somos?

Nós queremos ser obrigados a conviver com pessoas que não nos dizem nada?

Nós queremos deixar de ter país?

Deixam ao menos que possamos escolher?

Pois é, para já nenhum alto responsável seja do que for, se vai atrever a colocar ou a responder a estas questões...

Esta verdadeira "invasão" vai provocar outro mal terrível e transversal: vai dividir-nos a todos ainda mais!

E a História ensina-nos duas coisas – entre tantas outras.

Não se deve chamar o putativo inimigo para o nosso seio – vejam o que aconteceu aos visigodos divididos, quando uma facção chamou os bérberes para os ajudarem: em poucos anos a Península Ibérica foi conquistada, e só o Carlos Mardel os parou em 732, já eles iam em Poitiers.

Foi preciso esperar por 1492, para que fossem expulsos de vez. Eu disse de vez?

A segunda ilação tem a ver com o facto de ser sempre problemático a prazo e origem de numerosos conflitos, disseminar núcleos de população no meio de outras, que sejam mais ou menos hostis.

Drama em que a Europa Central e de Leste têm sido um palco privilegiado.

*****

UMA PALAVRA PARA A SANTA MADRE IGREJA

"Em muitas coisas não pareces sucessor de Pedro, mas de Constantino".

- S. Bernardo, ao Papa Eugénio.

Chiste antigo aludia a um padre que, já com um grão na asa, confundia na sua homilia, entre outras coisas, os "annus sanctus, com os cús dos bispos". Pois agora parece que é a própria Igreja que não está a olhar para toda esta catástrofe com os dois olhos que o Senhor lhes deu...

Sei que existe um velho ditame cristão que reza que se deve "fazer o Bem sem olhar a quem", mas não parece nada prudente e sensato, aplicar esta máxima no presente contexto.

Por isso a atitude do Santo Padre e do Vaticano aparentam ter sido pouco ponderadas.

Ser misericordioso não implica ser parvo; a Caridade deve ser esclarecida, não cega, sob pena de gerar injustiças e ter Fé não obriga ao suicídio. Aliás, já não me lembro de qual foi o último padre, missionário ou religioso, que tenha procurado afincadamente o martírio. Parece que tais inclinações estão confinadas a raríssimos prosélitos de religiões orientais e a multidões de … islamizados…

Dá até ideia de que a Igreja se apressou a reagir, pondo-se em bicos de pés, para estar na linha da frente, parecendo querer tirar dividendos de uma situação que lhe caiu no regaço como mel na sopa.

Estranha-se porém, que nunca tenha mostrado tanto afinco a defender e ajudar, as comunidades cristãs espalhadas pelo mundo, que são vítimas de violências várias em que a morte não representa a pior de todas!

Desde os Coptas no Egipto, aos cristãos da Síria e do Iraque; desde a Nigéria, à Indonésia, etc., com a veemência e liberalidade como o está a fazer agora.

E que sobre este tema mantenha as maiores cautelas e nunca se tenha lembrado de solicitar auxílio a outros países mesmo àqueles que são de matriz cristã e, ou, católica.

Nem se entende, outrossim e por exemplo, qual será a diferença do que se passa agora, com a crise de refugiados provocada pela guerra civil no Sudão, por "acaso" ocorrida entre cristãos, no Sul, e islamizados, no Norte! Mas agora apresta-se a abrir todas as portas a quem salta por cima de todas as barreiras aos gritos de "Allah akbar" – Deus é grande! Só que não se trata do mesmo Deus Trinitário, espelhado no Evangelho. Antes pelo contrário, Allah, a quem o Corão chama de "Misericordioso", não aparenta ter muitos seguidores desse título e muito menos respeitadores de evangelhos alheios.

E não são os únicos.

Um "pormenor" que terá escapado ao tempo de reflexão para tal destinado em templos, conventos, retiros, grupos de oração e restante parafernália do culto.

Fico até surpreso, porventura indignado, como Sua Santidade mandou abrir as casas religiosas e as das famílias católicas, aos refugiados e não ofereceu a Praça de S. Pedro e os Jardins do Vaticano para os migrantes, no mínimo, acamparem.

E quem os for ajudar, não se deve esquecer de usar roupas seculares e sem crucifixos, para não ofenderem qualquer consciência!

A Igreja aspira – e bem – a levar o máximo de pessoas para o Céu, para o que é mister evangelizar os humanos no caminho da salvação, como Jesus Cristo deixou testemunho, expresso e vivencial.

Mas não deve cometer o erro de pensar que já vive no Céu e não na Terra.

Ámen.

*****

E PORTUGAL?

"Todos os homens dos 15 aos 60 anos se armem; cidades, vilas e povoações que se fortifiquem; quem não o fizer incorre em pena de morte e as vilas que franquearem as suas portas serão arrasadas."

Real Decreto de 11/12/1808, incitando os portugueses a resistirem aos franceses

Portugal abdicou de tudo.

Desde 1974, que Portugal abdicou de si.

Deitou a História para o caixote do lixo, ignorou a Geopolítica e pensa que a Estratégia é coisa de treinadores de futebol.

Alçou traidores e desertores a funções de mando, deixou a mentira campear livremente transfigurando e condicionando, as mentes e o sentir da população.

A actuação mais visível e sistemática, da acção dos órgãos de soberania, foi abdicar da mesma e destruir paulatinamente, todo o "Poder Nacional Português": político, diplomático, económico, financeiro, militar e psicológico.

Foram tão incompetentes, ignorantes e corruptos que delapidaram a "pesada herança", as "ajudas" do FMI e a batelada de fundos comunitários acabando, ainda assim, sem moeda própria e uma dívida enorme, impagável e uma "troika" a mandar em nós como miúdos mal comportados.

Numa palavra, esta Terceira República não realizou nada com um escudo/euro de riqueza que criasse. Tem destruído as funções vitais do Estado e subvertido a Nação!

Não têm de que se rir e deviam, no mínimo, fazer penitência para todo o sempre.

Acresce uma má formação e leviandade de estalo, ao "acreditarem" que não havia ameaças e se surgisse alguma coisa, a NATO trataria disso.

Quanto à Economia e Finanças, Bruxelas tomava conta do assunto, pelo que se afadigaram em aceitar tudo o que viesse de lá.

Enfim, o esplendor de Democracia (até o PCP fala em Democracia!), podendo cada um passar a tratar calmamente dos seus negócios e disfrutar!

Azar dos Távoras, saiu tudo furado.

O País mergulhou de cabeça na UE – à revelia de seis séculos de História e sem estar preparado para isso; secundarizou as relações bilaterais (a não ser com Espanha, sem qualquer cautela); faz umas declarações piedosas e de circunstância, sobre o antigo Além-Mar e passeia, de dois em dois anos, pela Cimeira Ibero-Americana.

No mais não se conhece um governante português que tenha uma ideia seja sobre o que for, nem qualquer posição digna de nota pelo que se passa no mundo, mesmo quando os interesses portugueses estão em jogo. Lembro-me de uma excepção a este comportamento e chama-se Timor. Mas tal aconteceu depois de termos criado no território, problemas que não existiam, que acabaram por degenerar em guerra civil e ocupação militar externa. No fim, nunca se soube quantos morreram, mas estima-se que rondem os 200.000.

Ainda assim levámos cerca de 10 anos a reagir e por uma questão fortuita de aparecer um vídeo com violência, choro e ave-marias, no cemitério de Santa Cruz.

Tratou-se, pois, mais de um milagre…

No fim lá se conseguiu tornar independente um pedaço de terra e um grupo de gente, que não tem qualquer viabilidade para o ser, nem sequer o queria ser. Até isso lhe coartámos ao não se fazer a terceira pergunta óbvia, no referendo, e prevista nos processos de descolonização: Querem ser portugueses?

Convenhamos que o saldo no fim desta saga não nos favorece…

E assim chegámos aos dias de hoje e à catástrofe dos refugiados e migrantes. Ao princípio os governantes portugueses fizeram o que costumam, isto é, ficaram calados e quedos à espera de passarem nos intervalos da chuva. Pois por norma, entendem que foram eleitos, não para antecipar e resolver problemas, mas para os escamotear e chutar para canto.

Quando têm mesmo que fazer ou dizer algo, escudam-se nas deliberações europeias e tentam intuir o sentir maioritário, para depois ir na onda. O que se passou com o reconhecimento da independência do Kosovo é bem ilustrativo do que descrevi.

Ora mesmo com milhares de migrantes à porta, porque é que haveriam de ter algum comportamento diferente?

Portugal tem tido relativamente à imigração alguma sorte e algum crédito.

A sorte resulta do número de imigrantes, apesar de elevado (rondam os 430.000), ainda ser gerível, apesar de termos importado muita "escória" humana.

A nossa posição geográfica, economia medíocre e desconhecimento – só o Ronaldo e o Mourinho fazem mais pela imagem do país do que tudo o resto junto – não tem sido de molde a atrair um fluxo imigratório mais significativo.

Por outro lado, a maioria dos negros são de matriz portuguesa, aquilo a que chamo de "pretos doces" o que tem minimizado os problemas. A gente de Leste é maioritariamente trabalhadora e capaz e fica deslumbrada com o "paraíso" em que vieram desembocar; apenas as "mafias" são muito perigosas. Os brasileiros vão e vêm, adaptam-se bem embora não sejam um modelo de trabalho, à excepção da restauração. Como não gostam de "vergar a mola", à mínima dificuldade têm tendência para se irem embora. Sem embargo registam-se muitos casos de criminosos entre eles, a que não é estranho o clima de insegurança que se vive no Brasil.

Finalmente existem poucos muçulmanos e são quase todos oriundos do exultramar português, ou seja, ainda foram formatados na nossa maneira de ser e estar. A "importação" de imigrantes do Paquistão e áreas limítrofes é que se irá revelar problemática.

O crédito a que temos direito tem a ver com o facto de sermos o povo menos racista de toda a Europa (do mundo?) e salvo raras excepções tratamos bem os imigrantes e facilmente interagimos com eles sem necessitarmos da artificialidade do multiculturalismo. Os séculos de colonização portuguesa estão muito à frente!...

Deste modo, não temos carros incendiados todos os dias (só em França, há uma média de 500 por fim de semana) e as "covas da moura" não abundam e derivam principalmente de imigrantes de 2ª geração, desenraizados e tráfico de droga.

E a Cova da Moura é uma brincadeira comparada com zonas por essa Europa fora, onde já nem o Exército entra.

O problema da cova da Moura resolvia-se, aliás, estabelecendo lá uma esquadra da PSP, em permanência, coisa que ninguém quer fazer, sabe-se lá porquê? Talvez porque tenham reduzido a Polícia e respectiva

autoridade a um estado deplorável, só para não ir mais além.

Em súmula, esta vaga de migrantes, e o que lhe está subjacente e as causas profundas que a originam, constituem a ameaça mais séria – muito mais do que as 150 divisões soviéticas da Guerra Fria – para os países europeus e Portugal não é excepção. Não vale a pena tapar o sol com a peneira.

Sem pôr de lado os aspectos humanos e morais que são da maior importância, não podemos deixar de ser pragmáticos e esquecer que a primeira responsabilidade é a da nossa própria sobrevivência.

Portugal é hoje um país desamparado, desarmado e descrente de uma das principais máximas do nosso Rei D. João V: "Não temos de fiar-nos de outras potências, senão de nós próprios".

Está na hora de voltar a reactivar a venerável Ordem Militar de Avis; a igualmente venerável Ordem Militar de Santiago da Espada e, sobretudo a não menos venerável Ordem Militar dos Pobres Cavaleiros de Nosso Senhor Jesus Cristo – Ordem de Cristo -, que o Liberalismo extinguiu e a República tornou honoríficas.

Depois de D. João III as ter enclausurado e tornado orantes, em 1529. Talvez a decisão mais funesta em toda a História de Portugal.

À Conferência Episcopal Portuguesa, espera-se que pese bem o que está em jogo e tenha uma atitude corajosa nas suas acções não parecendo que passa a vida a pedir desculpa por existir (parece que copiaram do Conselho de Chefes Militares…) e seja patriota, pois mesmo sendo o Cristianismo Universal, os seus membros não deixam de ser portugueses.

E espera-se também que usem o seu conselho para conduzir ao bom caminho eventuais desvios menos ponderados da Santa Sé.

E fariam bem melhor em confiar mais no São Bernardo de Claraval do que nos Comissários Europeus…

Lembro, ainda, que a última tentativa de libertar a "Casa Santa" (ou seja Jerusalém), pertenceu a Afonso de Albuquerque, que foi por "Este" e a Cristóvão Colon – não Colombo – (seguramente um nobre português disfarçado), que foi por "Oeste"…

Bem como a provável figuração terrena da "Jerusalém Celeste", através da construção do Convento de Mafra, cuja primeira pedra foi lançada no dia 17 de Novembro de 1717, pelo mesmo Rei que conseguiu, para Portugal, o título de "Nação Fidelíssima" e para Lisboa um dos quatro Patriarcados Latinos ainda existentes no mundo.

Faz para o ano três séculos.

A Última
Cultura
Finis
Mundi

*****

O QUE FAZER ENTÃO?

"A penalização por não participares na política, é acabares a ser governado pelos teus inferiores."

- Platão

O fenómeno de migrações ou existência de vagas de refugiados é um fenómeno que perdura há milénios. Porque há milénios que há guerra, violência, miséria, injustiças e depredações.

Nenhum país ou povo foi, ou está imune ao fenómeno e praticamente todos já passaram por transes semelhantes.

Portugal, por exemplo, teve que fazer face há quatro décadas a um êxodo de cerca de 800.000 pessoas – todas portuguesas – dos seus territórios ultramarinos.

Conhece-se a saga e as desgraças que ocorreram.

O resto do mundo não ficou especialmente impressionado com o sucedido nem se apressou a prestar-nos grande ajuda.

Mais, as autoridades em Lisboa (e as dos novos países "independentes"), até hoje, recusaram pagar-lhes qualquer indemnização, cometeram a indignidade de não permitir a nacionalidade a muitos que queriam manter-se portugueses e calaram a repulsiva iniquidade de deixar matar milhares de autóctones depois das operações militares terem terminado, só pelo facto de terem combatido nas fileiras das Forças Armadas Portuguesas.

Por outro lado, todos os dias morre gente aos magotes pelas mais diversas causas, em todo o mundo, onde também se podem ver crianças afogadas nas praias.

É tudo fruto de actos humanos, acidentes ou catástrofes naturais.

A guerra também é um acto humano.

Em todos estes casos, cada um, cada povo, e cada organização internacional, ajuda como pode e, ou, quer.

Há pois que, em primeiro lugar, colocar os problemas nas suas verdadeiras proporções.

O que colhe a atenção, no caso vertente – além do massacre televisivo – é a escala e escalada do êxodo, e o curto espaço de tempo em que tudo se passou; as causas pouco claras que o provocaram – e permitiram – e as consequências homéricas que irão provocar.

Ou seja estamos perante um problema que ultrapassa a Europa –

apesar das graves responsabilidades que muitos países têm relativamente aos conflitos em África e Oriente Médio, por acção ou omissão – e que afecta ou tem a ver com o mundo todo.

Mas mesmo que houvesse um esforço concertado e alargado, levantar-seiam obstáculos intransponíveis. Por exemplo, há meses que todo o mundo assiste na televisão, e à mesa, entre um comentário dispare, um abanar de cabeça e uma garfada de comida, aos naufrágios e chegadas desesperadas de gente que atravessam o Mediterrâneo para o Eldorado na Europa. Este problema podia ser facilmente resolvido caso fossem "requisitados" os navios de cruzeiro e aviões de passageiros para os irem buscar nos portos de origem. Viriam todos em segurança, certo?

Pois é, mas pergunta-se: estariam os alemães na disposição de cancelar 500 voos da Lufthansa, para acorrer a tal desígnio?

As empresas turísticas de cruzeiro estariam dispostas a abdicar do negócio para tratar dos refugiados (e possivelmente ficarem com os navios meio destruídos?)

Quem pagava? (isto aparenta ser o mais fácil, pois dinheiro é coisa que não falta – fazem-no a partir do nada!).

Estaria algum governo na disposição de fazer requisição militar de meios? Quem organizava o embarque nos portos e aeroportos que se prestassem à operação? Qual o destino dos passageiros?

E, mais importante que tudo, como fazer a triagem dos que embarcavam e qual o sinal que se estaria a dar?

Pois é, andar na rua a gritar "slogans" ou fazer processos de intenção piedosos, não parece ajudar a resolver nada...

*****

"Em política, nada acontece por acaso. Cada vez que um acontecimento surge, podemos estar certos de que foi previsto para ser levado a cabo dessa maneira."
Franklin D. Roosevelt, Presidente dos Estados Unidos (1933 a 1945)

"O mundo divide-se em três categorias de pessoas: Um número muito pequeno que produz acontecimentos, um grupo um pouco maior que assegura a execução e observa como ocorrem e, por fim, uma ampla maioria que nunca sabe o que realmente aconteceu".
Nicholas Murray Butler, Presidente da Pilgrim Society, membro da Fundação Carnegie, membro do CFR (Council on Foreign Relations,

A Última
Cultura
Finis
Mundi

Nobel da Paz, em 1931)

Vamos pois concentrar-nos no que é viável fazer e tenha menores consequências para todos, tendo sempre Portugal por fundo – pelo simples facto de ser português e não querer deixar de o ser.

E o que parece ser mais equilibrado fazer é fechar as fronteiras.

Não vamos tratar mal ninguém à partida, mas todos terão que cumprir as regras estabelecidas. Não cabe na cabeça de ninguém que os refugiados não cumpram as directivas das autoridades dos países que os acolhem, façam distúrbios, não aceitem dádivas e façam exigências, que vão para além de serem bem tratados.

Para os acolher devem ser estabelecidos campos de refugiados com o mínimo de condições. A ajuda humanitária poderá então convergir para estes campos.

Entretanto terá que se fazer o rastreio de todos a fim de determinar as razões que os levaram até lá, nomeadamente se são refugiados que fogem da guerra e perseguições, ou são imigrantes ilegais, criminosos de delito comum ou possíveis terroristas infiltrados. Os primeiros ficarão retidos, os segundos serão deportados, os últimos serão levados à justiça.

Os que ficarem serão tratados e, se possível, ocupados em actividades úteis, nomeadamente na manutenção, higiene e organização do respectivo campo. Esta situação deverá manter-se até haver um mínimo de condições de paz e estabilidade nas suas terras, para onde devem voltar, então.

Os problemas dos países e das pessoas devem ser resolvidos na origem.

É a lei natural das coisas.

O que é que os países europeus podem fazer para resolver os problemas na origem é outra questão. Podiam, para começar, em não os destabilizar como ajudaram a fazer no Iraque e na Síria. Mas isso levava-nos longe e sai fora do âmbito deste escrito.

No entanto há que reter isto: a melhor maneira de garantir a paz é através do equilíbrio geopolítico e pela dissuasão.

Não é o melhor método, mas é o melhor que foi encontrado até agora. Os países ocidentais (à excepção dos EUA) minaram a autoridade das forças de segurança e reduziram os Exércitos a expressões ridículas. Pior ainda, apaisanaram e funcionalizaram tudo!

Entretanto é urgente fazer um conjunto de acções simultâneo, tais como aplicar "as leis da Sharia" aos traficantes; aumentar a vigilância

sobre transporte ilícito de armas; detectar financiamentos ilegais e restringir apoios sociais a refugiados; limpar a Europa de emigrantes ilegais; dificultar o acesso à nacionalidade; acabar com os bairros problemáticos, como se acabaram com as barracas; pôr ordem na escandalosa censura e parcialidade da maioria dos "média", e muitas outras coisas até agora consideradas por politiqueiros, jornaleiros e totós de todos os matizes, como politicamente incorrectos.

Mas tudo, se for feito, de pouco vale se não se atacar e neutralizar as eventuais mãos invisíveis, que andam a puxar os cordelinhos.

E quem pensa desta maneira tem que sair do conforto dos seus sofás e tratar de se afirmar e influenciar os eventos.

Caso contrário arriscamo-nos a ser exterminados.

Deixar entrar os refugiados em catadupa e desregradamente como se está a fazer, é que não. Depois de entrarem nunca mais se conseguirá controlar nada, a não ser pontualmente, ou a conta-gotas e se houver determinação para tal!

Em Portugal nós não precisamos de imigrantes – e os que vêm devem ser bem selecionados - mas de turistas – e mesmo estes com conta peso e medida; nós precisamos é de aumentar a demografia (portuguesa), especialmente no interior, não de enviar sírios ou o que seja, para os nossos campos e aldeias abandonadas, como o Dr. António Costa veio gaguejar na televisão; nós precisamos é de criar condições económicas e sociais para que os nossos jovens regressem e não queiram partir, a não ser para trabalhos específicos que possam ser uma mais - valia para todos.

E temos que dignificar a nossa nacionalidade, dando-lhe valor e tornando-a acessível a quem a mereça, não a quem a solicite ou compre através de um visto dourado![20]

Não têm mesmo vergonha na cara…

O valor da nacionalidade não tem preço. A actual vaga de migrantes, como está a ser encarada, põe-na em causa.

Ou seja não podemos deixar que um problema humanitário possa concorrer para se criar vários problemas geopolíticos e uma desordem social, que irão tornar tudo ainda pior para todos.

Infelizmente as deploráveis declarações do Sr. Jean Claude Juncker, Presidente da Comissão Europeia, só se podem entender como estando a fazer jus, às razões que levaram à atribuição do prémio pan-europeu Conde Coudenhouve Kallergi, com que foi agraciado em 2014.

Mas isso são outras histórias.

---

[20] Uma obrigatoriedade relativa à obtenção da nacionalidade devia passar pela prestação de serviço militar obrigatório, durante dois anos, que é a melhor maneira de integrar uma pessoa ao mesmo tempo que se garantia um compromisso de fidelidade, através do Juramento de Bandeira.

OS MODELOS DA VIVÊNCIA RELIGIOSA EM FREUD:
'O MODO COMO OS HOMENS LIDAM COM O PAI'
Leonardo Arantes Marques

Resumo

O presente trabalho tem como objetivo analisar, nas suas linhas essenciais, dois discursos utilizados por Freud na interpretação do fenômeno religioso. O primeiro é claramente inspirado no movimento iluminista do século XIX e possui certo cientificismo, como toda ciência e espiritualidade surgida nesse século. O segundo, mais amadurecido se pronuncia na perspectiva exclusivamente da teoria psicanalítica, ou seja, as motivações psíquicas da experiência religiosa, à psicogênese do fenômeno religioso e à natureza ilusória da experiência religiosa. Na dinâmica de um pensamento dialético, os dois discursos de Freud ajudam-nos a compreender a posição ambivalente que o mesmo apresentava frente a fenômeno tão complexo. Buscaremos em seus textos o momento de transição que sofreu a psicanálise ao longo dos estudos de seu fundador.

Palavras-chave: Psicanálise, religião, pensamentos mágicos, Freud.

Religião e Subjetividade

Lembremo-nos que lidaremos nos textos de Freud com variáveis psíquicas e não necessariamente históricas no sentido do historicismo. Este se fundamenta na noção de que o ser humano, sendo, iminentemente, histórico é passível de ser reconstruído empiricamente através dos estudos da sociologia, da antropologia e da arqueologia. Este pensamento surgiu no espaço acadêmico da Europa ocidental na segunda metade do século XVIII, sobretudo na Alemanha, com forte influência Marxista e Engelsta. —Essas tendências do historicismo satisfazem aqueles que se inclinam a agir, a interferir – especialmente em negócios humanos –, recusando-se a aceitar como inevitável o existente estado de coisas‖.

Minha intenção não é questionar os fundamentos da psicanálise, pois nem me considero competente para tanto. Esse estudo não tem a

intenção de se posicionar ou escolher o melhor discurso sobre o tema, mas tão-somente apontar os posicionamentos distintos que, não obstante, são decisivos no sentido de aprimorarem a compreensão fenomenológica da experiência religiosa sob o olhar da teoria psicanalítica.

O tempo constitui a mais profunda dimensão existencial do homem. Está ligado a sua própria existência, portanto tem começo e fim – a morte, o aniquilamento da existência.

Aqueles acostumados à pesquisa no campo das religiões, religiosidades ou espiritualidades, dificilmente não entrarão em contato com os escritos de Agostinho, Hegel, Marx, Engels, Orígenes, Rudolf Otto, Van der Leeuw, Scheler, Jung, Durkheim, Müller, Tylor, Karl Barth, Feuerbach, Durant, Zimmer, Weber, Campbell, Eliade, Ling, Rubens Alves, Nietzsche, Wach e outros. Todos esses pesquisadores deram os seus pareceres sobre religião, demonstrando-a como utopia, uma ilusão, espírito do Absoluto, um antropomorfismo externalizado, assassínio primordial, forma de buscar sentido quando o sistema social não consegue conter as angústias etc. Cada um a sua maneira, defendeu-a ou rejeitou-a, mas a ideia que permanece, para a na maioria desses autores, deles é a questão da finitude como realidade primeira para a busca religiosa. Sendo a finitude da ordem do universal, alguns acreditam que o papel fundamental da religião é —solucionar‖ ou dar conta dessa verdade: a morte. Essa hipótese está correta quando nos referimos às religiões —atuais.

Quanto menos um homem conhece a respeito do passado e do presente, mais inseguro terá de mostrar-se seu juízo sobre o futuro.3

Estudando as religiões primitivas (antigas), percebemos o quanto elas favoreceram e contribuíram para a formação e a estruturação das sociedades e das religiões atuais, das mais racionais as mais emotivas. Aqui vale lembrar ao leitor que não existem afirmações históricas provando ser o totemismo a religião primeira. Da mesma forma, é inviável afirmarmos que todas as religiões ou pensamentos sagrados passaram por um tipo de canibalismo ou parricídio primordial, como afirmou Freud em Totem e Tabu. Outra afirmação comumente aceita sem base histórica, é aproveitar-se de alguns ritos antigos e fazer do animismo e do naturismo as primeiras manifestações sagradas do humano, querendo, com isso, demonstrar uma possível evolução do pensamento simples para o complexo.

As formações religiosas e suas ramificações são de difícil descrição, tendo em vista que as informações eram passadas de geração a geração de forma oral. Nesse contexto, apenas o crente, que vive dentro desse mundo sagrado, pode falar e exprimir sua experiência e vivência de forma total. A religião, independentemente de toda e qualquer esquematização moral, é essencialmente obrigação íntima, normativa para a consciência e o vínculo da consciência, é obediência e culto, não pela pura e simples coerção pelo avassalador, mas pelo curvar-se em reconhecimento diante do mais sagrado Valor.

O desenvolvimento da cultura só foi possível após o desenvolvimento da escrita em c.

3.000 A.E.C., séculos depois que o homem utilizou e dominou a fala para se comunicar. Com a possibilidade da comunicação verbal, o homem ampliou seu território e pôde comercializar seus produtos. Com a descoberta da escrita, ampliou ainda mais esse território, descobrindo novas fontes de riqueza em outras culturas. O desenvolvimento da escrita possibilitou a criação da civilização, a difusão da paz e da ordem entre as diversas tribos antes das grandes monarquias.

Enquanto nos pensamentos antigos dos Persas, Babilônicos, indianos, gregos, etc., com exceções posteriores (xamãs, feiticeiros e magos) de alguns desses pensamentos, não se aceitava e não se acreditava que o homem pudesse intervir ou modificar diretamente a natureza. No entanto, no pensamento judaico todos os profetas ou enviados de deus de uma forma ou de outra tinham, não apenas, o poder, mas certa obrigação de manipular as forças da natureza. Moisés não só manipulava essas forças, como tinha o poder de transformar água em sangue e dividir águas. Enquanto Elias fazia descer fogo do céu, Jesus transformou água em vinho (água em sangue?), acalmava tempestades e ventos. Enquanto em outros pensamentos os profetas estavam —limitados‖, no pensamento judaico esses limites eram ultrapassados em nome de Yahvé (existir, ser).

É próprio da fé acrescentar ao mundo e às coisas tais como são uma dimensão sobrenatural perceptível apenas pelos crentes, e ligar o universo a um universo superposto cuja visão e certeza são garantidas unicamente pela fé.

Mesmo os ensinamentos mais antigos, como os indianos, os judaicos, os zoroastrinos, os chineses, os egípcios e tantos outros, só foram compilados e organizados anos ou séculos depois de seus supostos autores. As religiões, desde as suas formações, demonstram o quanto contribuíram e organizaram cidades, povos, países e governos inteiros com suas teocracias e leis divinas. Após a formação social efetiva, observamos esses ensinamentos sendo passados através de tabus, de leis e dos costumes, que serviam como sinais ou formas de conter, administrar, ensinar e algumas vezes adestrar povos.

Presume-se que a religião, em última instância, nos libera dos desejos e temores, ambições e compromisso da vida secular – os enganos de nossos interesses sociais, profissionais e familiares; porque a religião reivindica a alma. Porém, ela é necessariamente algo que diz respeito à comunidade e, assim sendo, torna-se um instrumento de opressão que nos ata de maneira sutil, por meio de ilusões menos evidentes e, portanto mais penetrantes.

Aqueles que conhecem e estudam um pouco a realidade religiosa do mundo não terão dificuldade para entender porque afirmei que as religiões primeiras tinham por _objetivo' organizar e construir um povo forte. Para entendermos um pouco melhor esse conceito, é só pensarmos por alguns instantes nas sociedades mesopotâmica, egípcia, persa, judaicas e islâmicas, que se tornaram com o tempo as maiores monarquias já existentes. Nestas monarquias, o rei se tornava o enviado dos deuses, o 'pastor do povo' ('O Senhor é meu pastor e não me faltará'), conclamado pelos deuses a instaurar a justiça onde reina a injustiça e, a paz onde há guerra. —Que digo de Ciro: Ele é meu pastor e cumprirá tudo o que me apraz‖ (Isaías; 44:28). Esse domínio cedido a esses monarcas como _pastor do povo' era dado pelos deuses sobre toda a terra (Gênesis; 48:15, Salmo e Zacarias; 13:7). Aqueles que conhecem um pouco a realidade da sociedade judaica, da qual estamos inseridos devido ao cristianismo, sabem que sua organização espacial se deu baseada em leis inspiradas por Deus a Moisés, as quais estão contidas na Torá. Os 613 mitsvot (mandamentos), com 273 preceitos positivos (farás) e 203 preceitos negativos (não farás), serviram e ainda servem como constituição divina para toda essa sociedade. Os primeiros mandamentos —lançavam os fundamentos da nova comunidade teocrática, que não

repousaria em nenhuma lei civil, mas na ideia de Deus; era Deus o rei invisível que ditava as leis e impunha as penas; e o nome de 'Israel' dado ao povo queria dizer defensores de Deus.

Quanto mais o homem é religioso tanto mais dispõe de modelos exemplares para seus comportamentos e ações. Em outras palavras, quanto mais é religioso tanto mais se insere no real, e menos se arrisca a perder-se em ações não exemplares, _subjetivas' e, em suma, 'aberrantes'. Um objeto sagrado, cósmico ou telúrico nunca é adorado por ser apenas um objeto (fetiche); sempre encarna ou manifesta, totalmente ou em partes, o sagrado, porque sua forma ou substância revela ou pelo menos participa da realidade última: o Axis Mundi.

O homem religioso experimenta a necessidade de existir num mundo total e organizado, num cosmos.

Psicanálise e Religião

A religião é comparável a uma neurose da infância, e é otimista bastante para imaginar que a humanidade superará essa fase neurótica. Podemos afirmar que a _psicanálise é a medicina da alma do nosso século', surgiu como a perturbadora do sono da humanidade – segundo Freud – para arrancar de nossos espíritos o adoecimento paralisador, deixando no lugar algumas angústias que nos causam sofrimentos necessários. Daí que seja tão fundamental conhecer o conhecimento existente quanto saber que estamos abertos e aptos à produção do conhecimento ainda não existente. Ensinar, aprender e pesquisar lidam com esses dois momentos do ciclo gnosiológico: o em que se ensina e se aprende o conhecimento já existente e o em que se trabalha a produção do conhecimento ainda não existente.

Com a chegada da revolução quântica, da medicina psicossomática, da biologia molecular, da neurociência e das ciências relativistas que possuem a concepção do homem como um todo em adaptação, podemos alargar nossos horizontes e pensar que —cada indivíduo tem seu mundo, o que nos seres humanos os converte em pessoas. Mundo bom, mundo mau, agressivo, amoroso, não tanto como ele – mundo – de fato é, mas como ele é construído‖.

Freud sempre se mostrava receoso de que a psicanálise fosse mal interpretada e não chegasse ao status de uma verdadeira ciência, por isso, inicialmente descartava qualquer conhecimento que não se

enquadrasse em suas interpretações ou em suas teorias. —A origem da atitude religiosa pode ser remontada, em linhas muito claras, até o sentimento de desamparo infantil. Pode haver algo mais por trás disso, mas, presentemente, ainda está envolto em obscuridade. Apesar deste receio e de sua opinião acerca do fenômeno religioso, seu interesse em ampliar esses estudos e —fazer uso dos achados recém-descobertos da análise a fim de investigar as origens da religião e da moralidade era enorme, como se lê em seu pós-escrito de 1935:

Sem conhecer ainda os nexos mais profundos, caracterizei a neurose obsessiva como uma religião particular distorcida e a religião como uma espécie de neurose obsessiva universal. As razões para se acreditar na existência do inconsciente são de fato empíricas, mas a questão sobre o que distingue, mais fundamentalmente, a concepção de inconsciente na teoria de Freud, é conceitual. Tentar provar empiricamente o inconsciente freudiano não é muito diferente de tentar provar a existência dos anjos, santos, espíritos ou deuses: em ambos, é preciso acreditar ou fundamentar a concepção de suas existências. —O princípio básico de funcionamento do inconsciente é, em última instância, exatamente assumir e admitir a contradição, aceitar a simultaneidade contraditória de processos monistas e dualistas.

As contribuições de Freud

Ensinar, aprender e pesquisar lidam com esses dois momentos do ciclo gnosiológico: o em que se ensina e se aprende o conhecimento já existente e o em que se trabalha a produção do conhecimento ainda não existente.

Em termos psíquicos são imensas, mas no que se refere aos estudos religiosos ficou bem distante do esperado. Apesar de ser um arqueólogo da vida psíquica, sua postura frente aos fenômenos religiosos é de alguém que interpreta-os de fora, partindo de apenas um referencial: a psicanálise. Para ele, os aspectos religiosos, ou qualquer outro sentimento religioso ou grandeza de esfera espiritual, —nada mais‖ eram do que desejos sexuais proibidos, reprimidos e posteriormente —sublimados‖. Na escola freudiana, esse sentido de existência ou experiência sagrada transforma-se, na melhor das hipóteses, em uma ilusão, calcada na culpa e na reparação, uma

projeção do Eu em busca de proteção infantil como se o sujeito só buscasse uma religião, religiosidade ou espiritualidade para deter (reprimir) impulsos agressivos inconscientes. Essa força, que Freud designou como desejos sexuais proibidos, transforma qualquer aspecto de ordem espiritual em neurose obsessiva universal.

Não consigo pensar em nenhuma necessidade da infância tão intensa quanto a da proteção de um pai. Dessa maneira, o papel desempenhado pelo sentimento oceânico, que poderia buscar algo como a restauração do narcisismo ilimitado, é deslocado de um lugar em primeiro plano.

Talvez Freud tenha sido o primeiro, como afirmou Eliade, a perceber que nascemos em busca

do prazer e a gestação (estado pré-natal) ou o período que se estende até o desmame é para a psicanálise um certo —paraíso, onde uma _ruptura', uma _catástrofe' (o traumatismo infantil) e que, seja qual for a atitude do adulto face a esses eventos primordiais, eles não são menos constitutivos de seu Ser‖. Seria então o sentimento dessa falta de conforto e proteção gestacional a nossa busca pelo paraíso perdido?

Através da experiência do sagrado, a mente humana aprendeu a diferença entre aquilo que se revela como real, poderoso, rico e significativo e aquilo que não se revela como tal – isto é, o caótico e perigoso fluxo das coisas, os seus aparecimentos e desaparecimentos fortuitos e sem sentido.

Todas as sociedades religiosas acreditam que há a possibilidade da terra que mana leite e mel (Êxodo 33:3), o país das bem-aventuranças, os campos Elísios etc. Algumas filosofias não religiosas, como é o caso do sistema comunista proposto por Marx e Engels, também pregam de alguma forma suas estruturas escatológicas e milenaristas, acreditando no justo sofredor (proletariado) e no paraíso terrestre com a suposta abolição dos conflitos existenciais humanos.

Apenas para ilustrar um pouco essa sensação social —comum de resquícios de paraíso é só lembrarmos que, ao chegarem ao Brasil, os portugueses logo descobriram que os nativos falavam de um imenso Eldorado, que alguns exploradores acreditavam existir nas terras do Brasil e na América do Sul. Rapidamente, trouxeram os jesuítas com a intenção de evangelizar os nativos e descobrir esse local de riquezas

abundantes e, assim, livrar Portugal de sua derrocada financeira. Como havia demora por parte dos jesuítas na descoberta da cidade maravilhosa e reluzente, os bandeirantes entraram em cena e começaram a —desbravar‖ e procurar com furor esse —Paraíso Perdido.

O primeiro modelo da vivência religiosa nos textos de Freud é apresentado em Atos obsessivos e práticas religiosas, (1907), Totem e Tabu (1913), Neurose de Transferência: uma síntese (1915), Nossa Atitude Perante a Morte (1915), Problemas de Psicologia da Religião (1919), Psicologia das massas e análise do Ego (1921), Autobiografia (1923) e O Futuro de Uma ilusão (1927). Esses primeiros trabalhos versam sobre o sentido religioso como —projeção, —drama inaugural da humanidade‖, —assassinato do pai primordial, bem como, a constituição do —complexo paterno‖ e da —saudade do Pai. Como exímio antropólogo da vida mental, Freud não consegue ficar por muito tempo longe dos estudos dos problemas religiosos e culturais da sua época, como se percebe claramente no seu texto sobre Autobiografia (1923):

Então vimos que um terceiro, seríssimo aspecto da atividade intelectual humana, que criou as grandes instituições da religião, do direito, da ética e todas as formas de organização social, objetiva, no fundo, possibilitar ao indivíduo a superação de seu complexo de Édipo e guiar sua libido desde as vinculações infantis àquelas sociais, definitivamente desejadas.

O pressuposto de ilusão ou mesmo projeção dos aspectos religiosos não é uma teoria exclusiva de Freud, mas sim, de Feuerbach, que Freud os conhecia a fundo. Os pensamentos de Feuerbach foram influenciados inicialmente pelas teorias de Hegel e criticadas posteriormente por Marx. Para Feuerbach, a alienação religiosa insere-se em uma teoria teológica, buscando a razão e a essência do homem no mundo, mas o homem é essencialmente antropológico na característica humana, pois adquire sentimentos e sensibilidade.

O que é comum ou igual nos diversos deuses ou religiões é apenas o que é igual ou comum na natureza humana. A religião é a primeira consciência de si do homem, e ela é indireta. [...] O homem projeta primeiro a sua essência para fora de si, antes de reencontrá-la em si mesmo. Seu próprio ser lhe é dado a princípio sob o aspecto de outro ser.

Para Klein, os aspectos religiosos, que envolvem busca de proteção, amor e curas mágicas, são fantasias inconscientes de onipotência e de reintegração do seio (objeto perfeito idealizado) perdido da infância. Para o homo religiosus, essa busca torna-se a própria reintegração do objeto (seio) idealizado e perdido. Para o psicótico de características religiosas seria justamente a _impossibilidade' dessa reintegração do Self com o ser profundo, a dificuldade da —voltal desse objeto bom.

A capacidade para o amor e a devoção, primeiramente em relação à mãe, desenvolve-se de muitas formas em devoção a várias causas sentidas como boas e valiosas. Isso significa que o prazer que o bebê foi capaz de vivenciar no passado por sentir-se amado e amoroso, transfere-se mais tarde na vida, não somente às suas relações com pessoas, o que é muito importante, mas também ao seu trabalho e a tudo por que ele sente que vale a pena lutar. O que significa também um enriquecimento da personalidade e a capacidade de usufruir de seu trabalho e abre uma variedade de fontes de satisfação.

Eric Erikson, aproveitando essa vertente da psicanálise, postula que os aspectos e sentimentos religiosos não estão calcados no modo como os homens lidam com o pai, e sim na matriz materna, ou seja, na relação mãe-bebê, vindo daí os resquícios nostálgicos do paraíso.

—Todas as religiões têm em comum uma periódica rendição infantil ao provedor ou provedores que dispensam felicidade terrena assim como saúde espiritual. (Eric Ericson)

Mitos Endopsíquicos Você consegue imaginar o que sejam —mitos endopsíquicos? São o último produto de meu esforço mental. A tênue percepção interna do (nosso) próprio aparelho psíquico estimula ilusões do pensamento que, naturalmente, são projetadas para o exterior e, tipicamente, para o futuro e o além. A imortalidade, a recompensa e todo o além, tudo são reflexos de nosso (mundo) psíquico interno. Ideias loucas? Psicomitologia. (Carta de Freud a Fliess – Viena, 12 de dezembro de 1897).

Voltemos agora os nossos pensamentos para a segunda tópica e retomaremos uma ideia de Freud que já havia sido pressuposta em 1897, e um pouco esquecida nas tópicas seguintes, quando o mesmo envia uma carta a Fliess explicando sobre os —mitos endopsíquicos: ilusões projetadas para o mundo exterior, para o futuro ou o pós-

morte.Não se trata aqui para Freud, de delírio no sentido clássico da psiquiatria, onde o delirante encontra-se imerso numa nova realidade de forma a desorganizar a sua própria identidade e se desorganiza pela ruptura entre o sujeito e o objeto, entre o interno e o externo, entre o eu e o mundo e sim, de projeção. —Creio que grande parte da visão mitológica do mundo, que se estende até as mais modernas religiões, nada mais é do que a psicologia projetada no mundo externo. O obscuro reconhecimento (a percepção endopsíquica por assim dizer) dos fatores psíquicos e das relações do inconsciente (...).

Possivelmente, essa mesma referência dos —mitos endopsíquicos foi utilizada posteriormente por Carl Gustav Jung (1875-1961) para explicar elementos de natureza diferentes, até opostos, notadamente, estruturas arcaicas (arquetípicas), coletivas e possíveis atividades superiores dirigidas para o futuro. Jung teve a coragem e a ousadia de abordar e estudar as religiosidades existentes, não como historiador, mas como psicólogo.

O inconsciente coletivo é a formidável herança espiritual do desenvolvimento da humanidade que nasce de novo na estrutura cerebral de todo ser humano e compreende toda a vida psíquica dos antepassados desde os seus primórdios.

Todos os estudos, escritos e explicações sobre religiões ou religiosidade, feitos por Jung, estão postos ou pressupostos dentro dos fatores psíquicos-religiosos (percepção endopsíquica). Ele não se preocupou em abordar o estudo histórico e fenomenológico das religiões, mas o significado simbólico, em uma visão psicológica. A própria —descoberta‖ do inconsciente coletivo e dos arquétipos foi atribuída aos estudos que ele realizou no mundo simbólico de seus pacientes.

Como o próprio nome indica, este inconsciente não inclui nenhum conteúdo pessoal, mas apenas conteúdos coletivos, ou aqueles conteúdos que não pertencem apenas a determinado indivíduo, mas a um grupo de indivíduos e, em geral, a uma nação inteira, ou mesmo, a toda a humanidade.

O problema que se observa hoje, é que a maioria dos —junguianos (se é que posso classificá-los assim) transformou Jung em um grande mago-religioso, cuja teoria é vista com certo receio por algumas universidades e pesquisadores.

Quando se fala de Jung nas universidades, a sensação que se tem é a de que a maioria dos alunos o —imaginal com uma manta cheia de estrelas, chapéu de cone e uma varinha de condão, como se fosse um Merlin. Todo tipo de magia (cristais, tarô, zodíaco, florais, energias curativas e etc.) utilizada por alguns psicólogos e terapias alternativas (não psicológicas) é atribuído a Psicologia junguiana. —A crença na magia, como a crença no milagre, nasce da visão de um universo no qual os desejos e as emoções podem alterar os fatos. A ciência diz que isto não é verdade. O senso comum continua, teimosamente, a crer no poder do desejoll. Ao psicólogo consciente de sua profissão cabe —prestar serviços psicológicos em condições de trabalho eficiente, de acordo com os princípios e técnicas reconhecidas pela ciência, pela prática e pela ética profissional...

A cultura determina o nosso modo de ser?

O indivíduo é social, não como resultado de circunstâncias externas, mas em virtude de uma necessidade interna. (Henri Wallon) Eu sou contraditório, eu sou imenso. Há multidões dentro de mim. (Walt Whitman)

Assim, começamos a história e a evolução do modelo da vivência religiosa aplicada à Segunda Tópica dos trabalhos de Freud que parece ser o melhor resultado e o amadurecimento possível de seus estudos, O Mal-Estar na Civilização (1930) e Moisés e o monoteísmo (1937).

Na realidade, a psicanálise constitui um método de pesquisa, um instrumento imparcial (...) Se a aplicação do método psicanalítico torna possível encontrar um novo argumento contra as verdades da religião, tant pis para a religião, mas os defensores desta, como o mesmo direito, poderão fazer uso da psicanálise para dar valor integral à significação emocional das doutrinas religiosas.

Pensemos por um momento na figura ao lado, que nos traz a proposta de Freud sobre a angústia original. Quando nascemos, até por volta de dois a três meses não existe para o sujeito a percepção do mundo externo e muito menos a separação do externo-interno, onde o sujeito é o mundo e o mundo é o sujeito, _tudo é o todo e o todo é tudo'. Quando esse sujeito por motivos do seu desenvolvimento biológico e das suas necessidades interna, começa a perceber esse mundo fora, começa a separação, surgindo desse fato o primeiro

rompimento que fará o afastamento pela angústia do objeto (Mundo) de sua estrutura psíquica (Sujeito), fazendo dessa maneira a sua inserção na cultura que está vivendo. —Nosso atual sentimento do Ego é, portanto, apenas o vestígio atrofiado de um sentimento muito mais abrangente — sim, todo abrangente—, que correspondia a uma mais íntima ligação do Ego com o mundo em torno‖. 39 Como não nascemos com padrões comportamentais rígidos como os animais (o gato, o cachorro, a vaca, etc.), com padrões internos prefixados por uma essência, fica, então, sob a responsabilidade da família e da sociedade impor formas culturais válidas para preencher e substituir o objeto perdido inicialmente, que deixará uma grande sensação de vazio. A cultura terá de propor formas para substituir o —objeto perdido, por outros objetos necessários, como amor, afeto, saudade, tristeza, conhecimentos, religião, filosofia etc. Se não tivermos essas normas culturais postas de fora para dentro, diferente do animal que traz seus padrões de dentro para fora, não nos tornamos humanos. Só nos tornamos humanos, inseridos em uma cultura e com referenciais humanos. Assim, é imprescindível que a cultura exista fora e dentro de nós, para que possamos preencher com outros significados essa angústia deixada pela separação do objeto original. —O que chamamos de realidade exterior é a troposfera ecológica de cada pessoa, construída a partir do Universo simbólico de seu psiquismo no corte original (mundo/sujeito) e assim convertido a um habitat cultural capaz de atender às necessidades do organismo.

Infelizmente essa mesma postura ainda é tomada por alguns psicanalistas e filósofos, que seguem a Primeira Tópica dos escritos de Freud, que afirma que a _razão triunfará sobre qualquer outro saber‘. A ideia de razão e totalidade é baseada nos conceitos de Auguste Comte (1798-1857), segundo os quais existe uma sequência lógica para o saber. Para este filósofo, o saber humano passa pela lei dos três estados de desenvolvimento (trindade científica), tendo seu cume na última delas, a positiva. A primeira seria —a idade teológica, a partir da grande concepção de Deus, na qual toda a cosmogonia seria atribuída aos deuses (teogonia). A segunda vem tempos depois e se mostra na metafísica, quando a cosmogonia é ampliada por uma cosmologia transcendental (vago pensamento da natureza‘), escapando de qualquer explicação lógica e inevitável. Somente depois

de se ter passado as duas fases anteriores é que se alcança a fase final, em que a razão triunfa e o Espírito Positivo reina soberano – essa é a fase Positiva.

Freud acreditou poder descobrir a 'origem' das religiões no Complexo de Édipo nascido de um parricídio primordial, parricídio ritualmente repetido nos _sacrifícios totémicos'. Ele elaborou a sua teoria — que parece manter ainda a aprovação dos psicanalistas — em 1911-1912, utilizando a hipótese da _tribo primordial' de Atkinson e a do _sacrifício-comunhão totémico' de Robertson Smith.

Que resta ao humano após a Finitude?
Medo ou Esperança/Desespero ou (Fé)?

Posso dizer que sou tão distante da religião judaica quanto de todas as demais, ou seja, para mim as religiões têm enorme significação como objetos de interesse científico. Não me acho envolvido afetivamente com elas.

A pergunta sempre feita por historiadores, antropólogos e estudiosos da alma humana é sobre o sentido espiritual que se dá a existência e não sobre a composição da constituição das religiões institucionais (postas). —No inconsciente cada um de nós está convencido de sua imortalidade. Estuda-se ou se tenta pelo menos entender, se é que é possível entender, o desejo que existe no humano que a sua existência não finda com a morte. —Há, no inconsciente, um medo do aniquilamento da vida. Seria esse medo do aniquilamento (Klein) a justificativa da procura de algo além da existência física? Ou a certeza inconsciente (Freud) de uma imortalidade?

Que resta ao homem, de todo o seu trabalho, com que se afadiga debaixo do sol? Uma geração vai-se, e outra geração vem, mas a terra permanece para sempre. O sol nasce, e o sol se põe, e corre de volta ao seu lugar donde nasce. O vento vai para o sul, e faz o seu giro vai para o norte; volve-se e revolve-se na sua carreira, e retoma os seus circuitos. Todos os ribeiros vão para o mar, e contudo o mar não se enche; ao lugar para onde os rios correm, para ali continuam a correr. Todas as coisas estão cheias de cansaço; ninguém o pode exprimir: os olhos não se fartam de ver, nem os ouvidos se enw de ouvir. O que tem sido, isso é o que há de ser; e o que se tem feito, isso se tornará a fazer; nada há que seja novo debaixo do sol. (Eclesiastes; 1:3-11 e 18).

Pensadores e pesquisadores como Morgan (1818-1881), Spencer (1820-1903), Tylor (18321917), Frazer (1854-1941), Grant Allen (1848-1899), Brinton (1837-1899), Bozzano (1862-1943), poderíamos ficar aqui citando vários autores. Porém, todos chegaram às mesmas conclusões: não existem povos por mais primitivos que sejam, até onde a nossa mente pode alcançar, sem a crença na existência de uma alma que sobrevive à morte do corpo ou que se comunique com os humanos. Esses mesmos pensadores também deixam claro que as concepções de deuses, demônios, anjos etc são conceitos sociais bem posteriores e monárquicos.

Não existem povos, por mais primitivos que sejam, sem religião nem magia. Assim como não existem, diga-se de passagem, quaisquer raças selvagens que não possuam atitude científica ou ciência, embora esta falha lhes seja frequentemente imputada. Em todas as sociedades primitivas, estudadas por observadores competentes e de confiança, foram detectados dois domínios perfeitamente distintos, o Sagrado e o Profano; por outras palavras, o domínio da Magia e da Religião e o da Ciência.

De onde vem essa sensação de não morte?

Se alguém morrer, poderá reviver? Nos dias de minha pena eu espero, até que chegue o meu alívio. (Jó; 14:14)

De piores males me roerá o susto,

Horrível com horríveis esperanças.

Contudo, inda uma dúvida me vexa:

Talvez não morra eu todo, e que dá vida

O puro sopro, do homem a alma imensa

Que o Eterno lhe inspirou, morrer não possa.

Busca-se na religião um sentido (quase mágico) diferente para sua vida, porque o pensamento puramente racional e objetivo, se é que existem, não são capazes de captar aspectos emocionais (afetivos), inconscientes e mesmo irracionais'. Assim, procuram-se esses sentidos míticos quase mágicos de existência não apenas nos aspectos religiosos, sagrados ou hierofânicos, mas também na música, no esporte, na política, na metafísica, na filosofia, na arte, na história e em todos os saberes e pensamentos que não sejam apenas razão.

—Essa circunstância indica que acima e por trás da nossa natureza racional está oculto algo último e supremo na nossa natureza, que não

A Última
Cultura
Finis
Mundi

é satisfeito ao se suprirem e saciarem as necessidades das nossas pulsões e desejos físicos, psíquicos e intelectuais. Algumas das coisas difíceis de serem abandonadas, por proporcionarem prazer, são, não ego, mas objeto, e certos sofrimentos que se procura extirpar mostram-se inseparáveis do ego, por causa de sua origem interna.

É possível encontrarmos traços comuns, mesmo em religiões que se mostram distantes entre si (ex: hinduísmo e cristianismo)? Sim. Mas ter traços comuns não significa de nenhuma forma _ser a mesma coisa'. Pensar assim, seria o mesmo que afirmar que todas as religiões são iguais apenas porque pregam a paz ou cultuam um deus ou deuses. Por que esses traços comuns existem? Pelo simples fato de sermos humanos e possuirmos os mesmos anseios, desejos, pulsões, corpos biológicos idênticos (no que se refere à estrutura interna: coração, fígado, pulmão, estômago, cérebro), frustrações, dores, alegrias, etc. e claro, à capacidade de elaboração que é apanágio do humano em relação aos outros animais.

Referências
Alves, R. Filosofia da Ciência – Introdução ao jogo e suas regras. Loyola. São Paulo, 2008 Bottéro, J. Nascimento de Deus – A Bíblia e o historiador. Rio de Janeiro. Paz, 1994.

_____. No começo eram os deuses. Rio de Janeiro. Civilização Brasileira. 2011.

Comte, A. Os Pensadores – Discurso sobre o espírito positivo, Abril. São Paulo, 1983 Dalgalarrondo, P. Religião, psicopatologia e doença mental, São Paulo. Artmed, 2011.

Durant, W. Nossa Herança Oriental. Recorde. Rio de Janeiro, 1995.

Durant, W. A reforma. Recorde. Rio de Janeiro, 1996.

Durant, W. Idade da Fé. Rio de Janeiro, 1997.

Eliade, M. Imagens e Símbolos. Martins Fontes. São Paulo, 2008. _____.

Mito e Realidade. Perspectiva. São Paulo, 2010 _____. Origens. Portugal. Edições 70, 1989.

_____. O Sagrado e o Profano. Martins Fontes. São Paulo, 1992.

_____. História das Crenças e das Ideias religiosas. Vol. I. Rio de Janeiro. Zahar, 2009.

_____. História das Crenças e das Ideias religiosas. Vol. II. Rio de Janeiro. Zahar, 2010 _____. História das Crenças e das Ideias religiosas. Vol. III. Rio de Janeiro. Zahar, 2011 Feuerbach, L. Preleções sobre a Essência da Religião. Campinas, SP: Papiros, 1989.

Feuerbach, L. Essência do Cristianismo. Petrópolis/RJ. Vozes, 2010.

Freire, P. Pedagogia da Autonomia. São Paulo. Paz e Terra, 2013.

Freud, S. Vol. 6 – Sobre a psicopatologia da vida cotidiana. Rio de Janeiro Imago.

2003.

_____. Vol. 9 – Atos obsessivos e práticas religiosas. Rio de Janeiro Imago. 2003.

_____. Vol. 12 – Neurose de Transferência e Nossa atitude perante a morte. (Cia das Letras – versão eletrônica).

_____. Vol. 13 – Totem e Tabu. Rio de Janeiro Imago. 2003.

_____. Vol. 14 – Problemas de Psicologia da Religião. (Cia das Letras – versão eletrônica)

_____. Vol. 15 – Psicologia das massas e análise do Ego. (Cia das Letras – versão eletrônica).

_____. Vol. 16 – Eu e o ID, Autobiografia e Outros Textos. (Cia das Letras – versão eletrônica).

_____. Vol. 18 – Mal-estar na civilização. Rio de Janeiro Imago. 2003.

_____.Vol. 21 – O mal-estar na civilização e o Futuro de uma ilusão. Rio de Janeiro Imago. 2003.

_____. Vol. 23 – Moisés e o monoteísmo. Rio de Janeiro Imago. 2003.

Gabriel, Y. Freud e a Sociedade. Rio de Janeiro Imago. 1988.

Gelber, I. O medo da perda do amor. In: Revista Brasileira de Psicanálise – Vol. 47, n. 1.

Jung, C. G. Dinâmica do Inconsciente. Vozes. Petrópolis. 1984

Kaufmann, P. Dicionário enciclopédico de psicanálise. Rio de Janeiro. Zahar, 1996.

Klein, M. Inveja e Gratidão e outros trabalhos Rio de Janeiro Imago. 2006.

Malinowski, B. Magia, Ciência e Religião. São Paulo: Ática, 1983.

Marques, L. A. História das Religiões e a Dialética do Sagrado. São Paulo. Madras, 2005.

_____. História e Dialética das Religiões. São Paulo. Ideias e Letras, 2014.

Marques, L. A. e Coutinho, E. S. Compendio de Religiões e Espiritualidades. São Paulo. Ícone, 2010. _____. Ensaios históricos e Fenomenológicos das Religiões. São Paulo. Baraúna, 2014.

_____. Fragmentos I – textos religiosos antigos sobre a ótica fenomenológica da história das religiões. São Paulo. Baraúna, 2014.

Mello, Júlio F°. Psicossomática Hoje, São Paulo. Artmed. 1992 Milton, J. Paraíso Perdido. Versão para E-BOOKS Brasil, 2006.

Otto. R. O Sagrado. São Leopoldo/RS. Sinodal, 2007.

Popper, K. R. Miséria do historicismo. Edusp. São Paulo, 1980. Zimmer. H. Filosofias da Índia. São Paulo. Palas Athena, 1986.

DAS PEQUENAS PÁTRIAS À IDENTIDADE NACIONAL – MEMÓRIA E ESQUECIMENTO AO LONGO DA HISTÓRIA ADMINISTRATIVA EUROPEIA

Contributos para o estudo das "centralizações" após o século XVI.
Manuel Rezende

Le Roi étant notre tige, messieurs les gouverneurs ses branches et le peuple ses foeilles, nous avons le bonheur de voir la tige se glorifier en ses branches, les branches et les fouillages tirar leur vigueur et verdeur de leur tige. - Do depoimento de Jean Blanchard, maire de Nantes, em representação da dita cidade perante o rei de França (1612) [21]

A mobilização da Memória ao serviço da busca, do pedido, da reinvindicação da identidade deriva no abuso da memória ou no abuso do esquecimento[2]. O estudo da identidade e da memória das comunidades ou das classes sociais depende, por isso, da construção de uma história da sua mentalidade, ou seja, da reconstituição dos comportamentos, expressões e silêncios que traduzem as concepções do mundo e das sensibilidades colectivas[3].

A fragilidade da identidade deve-se sobretudo ao seu carácter presumível, alegável e pretensível. Da necessidade da distinção do Nós ("Nós somos isto vs. Nós não somos isto") encontramos três tipos de fragilidade: a) A fragilidade face ao tempo, de onde surge a necessidade do recurso à memória ou ao esquecimento. b) A fragilidade face ao outro, de onde surge o contacto hostil. c) A fragilidade da herança da fundação violenta, própria, por exemplo, das comunidades nascidas da guerra, evento que constitui, para uns, glória e para outros, humilhação[4].

Estas fragilidades são visívcis na relação entre os centros de poder e as suas periferias, inseridos num discurso oficial que procura utilizar todas as salvaguardas possíveis para assegurar espaços de autoridade.

A quebra dos laços de identidade que uniam o indivíduo à memória propriamente dita (social, inviolada, retida dos tempos das "sociedades

[21] GALLAIS, Vincent, De la Cour à la ville. Jean Blanchard, maire de Nantes (1611-1613). In SAUPIN, Guy (coord.), Le pouvoir urban dans l'Europe Atlantique du XVIe au XVIIIe siècle. Nantes: Quest edition, 2000, pág. 42.

arcaicas", ou seja, sociedades vivas que asseguram, em fenómeno actual e permanente, a transmissão de valores colectivos) criou sobre a sociedade contemporânea a necessidade que esta tem em criar representações do passado através de uma produção intelectual e secular[5] e de autonomizar a História frente à memória, no plano epistemológico, ao nível da explicação e compreensão dos factos[6].

Para o caso das identidades que constituem o palco político e social da Europa e, especialmente, de Portugal, de maneira a conseguirmos atingir esta Histoire é necessário analisar a comunicação entre o poder central que legitimava a autoridade dos agentes da Coroa (corregedores, provedores, juízes de fora, intendentes, alcaides, etc.) e o poder local que era o palco da sua actuação. Nesta comunicação política cada um dos participantes criou, cuidadosamente, um discurso legitimador das suas posições e prerrogativas, que jogou com a sua auto-representação enquanto poder (Identidade) e a sua interpretação subjectiva e até oportunista do passado (Memória), como iremos explicar adiante.

A sujeição dos focos de poder local, neste caso os concelhos, fez-se através de oficiais de justiça[7] (no caso português, os corregedores e os juízes de fora) a quem o poder central confia a sua administração[8]. Guy Saupin afirma que se deve recusar o mito de uma política deliberada, reflectida e sistemática da monarquia francesa no sentido da centralização[9]. Devemos considerar contudo que, uma vez que a passagem do patriotismo concelhio à fidelidade "estatal" supõe a unificação dos costumes e usos locais aos direitos centralizados[10], esta terá sido fruto de uma aceleração do movimento de centralização que visava o controlo dos corpos sociais[11].

As causas do surgimento destes movimentos de substituição do direito consuetudinário, a partir do séc. XVI, um pouco por toda a Europa, pelo direito da Coroa, podem estar ligadas ao facto de o "bom governo" dos concelhos se confundir fatalmente com as causas das dinastias patrícias que fornecem os déspotas e os capitães, ensaguetando-se em lutas de facções. A sujeição dos concelhos a poderes "a montante" é preferível aos tumultos em praça pública das pequenas pátrias, de tal maneira que em Itália, no século XVI, cria-se teoricamente uma equivalência entre a liberdade e a autoridade do príncipe[12]. Apesar de se terem encetado reacções a esta tendência do poder régio, afirmando a autonomia municipal como forma de restabelecer o equilíbrio orçamental do município (argumentando-se que os cargos de nomeação régia, que eram comparticipados pelas verbas cobradas nos municípios, tornavam-se onerosos para os cofres concelhios), não raras vezes era o desvio de receitas municipais devido à má gestão das elites locais que abria caminho à intervenção central[13]. Outra causa da centralização

do poder régio está ligado à formação dos Impérios da Era Moderna através da guerra, fazendo prevalecer as necessidades "estatais"sobre as necessidades provinciais[14].

A prevalência do costume em Portugal, de força política notável, constitui embaraço à acção destes agentes periféricos, sobretudo quando embate com o "regime foral" de privilégios e liberdades citadinas. Recorrentemente damo-nos conta do recurso à memória camarária, através da compilação de Estatutos, privilégios, ou costumes antigos para que as câmaras possam manter as suas prerrogativas, de acordo com os seus interesses, recorrendo a direitos de "imemorial posse", criando-se uma cultura de posturas locais que cria uma espécie de código escrito[15], perpetuado pelas vereações e fundado na tradição[16]. Contudo, nem toda a salvaguarda legal dos concelhos se consubstanciava no costume. O recurso a antigas posturas camarárias ou a antigas directivas régias, incluídas num processo de recuperação de memórias, valia, devido à importância do critério de antiguidade na doutrina jurídica da altura, como forma de protecção do status quo local contra a acção do poder central. Esta Memória podia ser usada para limitar a capacidade do rei para lançar novos impostos ou até de gerir as receitas dos mesmos para fins diversos dos originais, como é o caso da questão do cobramento das Alças, cujas verbas estavam destinadas a obras públicas e pias.

A câmara do Porto pede, na segunda metade do século XVII, fundamentada na aplicação de uma lei régia do século XVI, que determinava que as receitas deste imposto, a cargo do corregedor, não se destinem a outro tipo de despesas[17].

Importante será talvez ter em conta António Manuel Hespanha[18] no seu entendimento de que, apesar de não haver dúvidas, pelos múltiplos casos de confrontos entre oficiais da administração periférica (nomeadamente os juizes de fora) e os grupos de pressão locais, como transparece de forma bem visível nas vereações da época, que a acção destes agentes era erosiva do poder local, há que problematizar se as consequências dos seus actos favoreciam directamente a Coroa. De facto, apesar das suas prerrogativas teóricas, estes funcionários viam-se obrigados a integrar-se no status quo local e a negociar no mercado de poderes local, chegando a ser paralisados por certas funções ligadas à sua dignidade de magistrados régios – como poderia ser de outra forma?, uma vez que se constituem enquanto representantes das decisões de carácter nacional, actuando contudo no palco da política provincial, com todas as limitações que essa situação acarreta [19]? Sem contar com os riscos que esta ligação ao poder régio acarretava – ainda que não existam em Portugal, para o período moderno, indícios de revolta contra a legitimidade do poder régio, há muitos registos de rebeliões

contra a burocracia construída pela Coroa, especialmente por motivos de tributação de novos impostos. No Porto, durante o Motim do Papel Selado [20], o corregedor e provedor da cidade foi uma das personalidades perseguida pela multidão em fúria.

Isto é potencialmente verificável pela falta de uma estrutura hierárquica per se entre os agentes da administração periférica, sendo próprio do que estava regulado pelas Ordenações que entre os diferentes oficiais houvesse uma pronunciada autonomia. Por outro lado, o carácter das suas funções, enquanto filtradores da informação que passava das estruturas de poder locais e os corpos políticos de alcance abrangente, reverte imediatamente a favor da rede burocrática composta por estes agentes, a que devemos adicionar a possibilidade de existir um espírito corporativo e a tal ausência de mecanismos de controle e fiscalização efectivos sobre a sua actividade [21], o que não implica que não houvesse a tentativa de os controlar.

De facto, na ausência de mecanismos de intervenção burocrática directa, a Coroa recorria à prevenção de actos irregulares através de sindicâncias e inquirições à actividade destes agentes.

Ainda que favoráveis na maioria, podiam não o ser. Aufere-se assim a inculcação (ou tentativa de inculcação) por parte do poder central de uma uniformidade dos comportamentos através de procedimentos administrativos rígidos e decisões consistentes e da permamente convocação do direito [22]. Apenas no fim das sindicâncias necessárias para a inspecção do mandato dos corregedores, mais especificamente o juízo de residência, é que os concelhos recebiam o provimento a autorizar a aposentadoria do corregedor, sendo que a própria câmara era questionada acerca do serviço deste[23]. Os mesmos agentes estavam dependentes do poder central, mais especificamente do Desembargo do Paço, para receberem as suas cartas de provimento de ofício[24], imprescindíveis para o exercício de cargos públicos. José Viriato Capela[25], num estudo sobre estes agentes e a sua actuação no Minho, utiliza como principal fonte para estudar o controlo da Coroa sobre os seus agentes, as Tábuas de Interrogatórios e os provimentos.

Vejamos o testemunho que José Acúrsio das Neves, um autor que, na senda da reforma dos forais, questão na ordem do dia na passagem do século XVIII para o XIX em Portugal, nos deixou da pertinência das funções do corregedor e da sua relação com o poder local: "(...) e os corregedores das comarcas, ainda que não tenham jurisdição para as revogar (às posturas municiais) quando são estabelecidas com a formalidade da lei, estão autorizados pelo seu regimento para darem conta ao soberano quando acharem que algumas são prejudiciais. Da autoridade pois destes magistrados, dirigindo-se com inteligência e probidade, depende muito a boa ordem nesta importante matéria,enquanto subsistir a legislação actual"[26].

No seu contacto com as vereações do poder local, a Coroa teve de se certificar que a sua imagem de poder não estava entregue ao desbarato nas mãos de funcionários corruptos. Na ausência de métodos de controlo directo, teve de recorrer, inclusivamente, ao próprio poder local para avaliar o desempenho desses agentes. O rei, enquanto "tronco", emprestava assim a sua autoridade aos "ramos", tal como o sol empresta a sua luz à lua.

Notas

[1] GALLAIS, Vincent, De la Cour à la ville. Jean Blanchard, maire de Nantes (1611-1613). In SAUPIN, Guy (coord.), Le pouvoir urban dans l'Europe Atlantique du XVIe au XVIIIe siècle. Nantes: Quest edition, 2000, pág. 42.

[2] RICOEUR, Paul. Le Mémoire, L'Histoire, L'Oubli. Paris: Edition du Seuil, Septembre 2000, pág. 98

[3] RICOEUR, Paul. Le Mémoire, L'Histoire, L'Oubli. Paris: Edition du Seuil, Septembre 2000, pág. 247.

[4] Idem, pág. 99

[5] NORA, Pierre. Between Memory and History Les Lieux de Mémoire. In Representations, No. 26, Special Issue: Memory and Counter-Memory. University of California Press 1989. págs. 7-24.

[6] RICOEUR, Paul. Le Mémoire, L'Histoire, L'Oubli. Paris: Edition du Seuil, Septembre 2000, pág. 231.

[7] SAUPIN, Guy. Fonctionalisme Urbain et Sociologique des Corps de Ville Français (XVIe-XVIIIe Siécles). In SAUPIN, Guy, Le pouvoir urban dans l'Europe Atlantique du XVIe au XVIIIe siècle. Nantes: Quest edition, 2000, pág. 242.

[8] GALLAIS, Vincent, De la Cour à la ville. Jean Blanchard, maire de Nantes (1611-1613). In SAUPIN, Guy (coord.), Le pouvoir urban dans l'Europe Atlantique du XVIe au XVIIIe siècle. Nantes: Quest edition, 2000, pág. 42.

[9] SAUPIN, Guy, in op. cit., 2000, pág 240.

[10] BERGÉ, Yves-Marie. Révoltes et révolutions dans l'Europe Moderne – XVIe-XVIIIe siécle. Paris: PUF, 1980,pág. 50.

[11] GALLAIS, Vincent, in op. cit., 2000, pág. 40.

[12] BERGÉ, Yves-Marie, in op. cit. pág. 50.

[13] SOARES, Sérgio Cunha. O Município de Coimbra da Restauração ao Pombalismo. Volume III – Práticas e Processos da Formação Camarária. Coimbra: CHSC, 2004, pág. 387.

[14] BERGÉ, Yves-Marie, in op. cit. pág. 56.

[15] COELHO, Virgínia Aníbal, O espaço, o poder e o espaço do poder. No rasto do municipalismo: Portugal nos finais do antigo regime, Revista da FCSH, Lisboa:Colibri, 1998, pág 278: "Tal Poder Local/Concelhio, reunia em si, como já dissemos, todos os ingredientes que devem estruturar o Poder: o controlo eficaz da esfera económica (as posturas), financeira (dispor das suas próprias rendas, bem como dos tão importantes sobejos das suas sisas - e das do termo - e do poder de 'fintar' os seus povos), jurídica (o poder de julgar todos os feitos em Ia instância), política (as decisões da vereação nenhum magistrado régio pode alterar, antes as tem de fazer cumprir), militar (cabe-lhe a supervisão do recrutamento das ordenanças) e, até, o controlo da esfera assistencial e simbólica - pois as famílias que servem a edilidade são as mesmas que frequentam a Misericórdia funcionando, assim, em complementaridade, quanto aos diferentes cuidados devidos à existência humana. Portanto, um quase monopólio da lei e, no respeitante às instituições, a importante capacidade de usar de violência e de

coerção."

[16] SOARES, Sérgio Cunha. O Município de Coimbra da Restauração ao Pombalismo. Volume III – Práticas e Processos da Formação Camarária. Coimbra: CHSC, 2004, pág. 11.

[17] CRUZ, António. O Porto seiscentista : subsídios para a sua história. Porto: Câmara Municipal do Porto, 1943, pág. 135.

[18] HESPANHA António Manuel, As Vésperas do Leviatã: Instituições e Poder Político. Portugal – séc. XVII, Coimbra: Almedina, 1994, pág. 198

[19] LE GOFF, Samuel. Finances royales et organisations politique urbaine dans les petites villes bretonnes au XVIIIe Siécle. In SAUPIN, Guy. Le pouvoir urban dans l'Europe Atlantique du XVIe au XVIIIe siècle. Nantes: Quest edition, 2000, pág. 131.

[20] PINHEIRO, Bruno. Uma época histórica, uma cidade, três motins : análise comparatica dos motins do Porto de 1592, 1661 e 1757. In Revista do CITCEM. Porto: CITCEM-Centro de Investigação Transdisciplinar Cultura, Espaço e Memória, 2010, pág. 286.

[21] HESPANHA António Manuel, As Vésperas do Leviatã: Instituições e Poder Político. Portugal – séc. XVII, Coimbra: Almedina, 1994, pág. 199.

[22] SUBTIL, José. O Desembargo do Paço (1750-1833). Lisboa: VAL, 1996, pág. 259-261.

[23] SILVA, Francisco Ribeiro da. O Porto e o seu termo 1580-1640 : os homens, as instituições e o poder. Porto: Câmara Municipal do Porto. Arquivo Histórico, 1988, pág. 1121 e 1122.

[24] POLÓNIA, Amélia. Os solicitadores : memória e identidade : a construção sócio-histórica de uma profissão. Lisboa: Câmara dos Solicitadores, 2011, pág. 46.

[25] CAPELA, José Viriato. Política de Corregedores – A actuação dos corregedores nos municípios minhotos no apogeu e crise do Antigo Regime (1750 – 1834). Braga: I.C.S. – Centro de Ciências Históricas e Sociais e Mestrado de História das Instituições e Cultura Moderna e Contemporânea – U.M. 1997.

[26] Obras Completas de José Acúrsio das Neves, vol. 3. Porto: Edições Afrontamento, pág. 237

www.ingramcontent.com/pod-product-compliance
Lightning Source LLC
Chambersburg PA
CBHW020515290526
45786CB00002B/611